М.Н. Макова, О.А. Уск

В МИРЕ ЛЮДЕЙ

Выпуск 3. Чтение. Говорение

Часть 1. ТРКИ-2

**Учебное пособие по подготовке к экзамену
по русскому языку для граждан зарубежных стран**

*Допущено УМО по направлениям педагогического образования
Минобрнауки РФ в качестве учебного пособия
для студентов высших учебных заведений*

Санкт-Петербург
«Златоуст»

2018

УДК 811.161.1

Макова, М.Н., Ускова, О.А.

В мире людей. Вып. 3. Чтение. Говорение. Часть 1. ТРКИ-2 : учебное пособие по подготовке к экзамену по русскому языку для граждан зарубежных стран. — СПб. : Златоуст, 2018. — 164 с.

Makova, M.N., Uskova, O.A.

In the world of people. Vol. 3. Reading. Speaking. Part 1: B2 : a manual of Russian language examination preparing for foreigners (B2). — St. Petersburg : Zlatoust, 2018. — 164 p.

Р е ц е н з е н т ы :
доктор филологических наук, профессор *Л.П. Катлинская*
доктор педагогических наук, профессор *Т.В. Васильева*

Зав. редакцией: к.ф.н. *А.В. Голубева*
Редактор: к.ф.н. *Н.О. Козина*
Корректор: *О.С. Капполь*
Оригинал-макет: *Л.О. Пащук*
Обложка: *В.В. Листова*

Пособие является составной частью учебного комплекса, адресовано иностранным учащимся, владеющим русским языком на уровне, приближенном к ТРКИ-2 (общее владение). Предназначено для подготовки к сдаче сертификационных экзаменов ТРКИ-2 (субтесты «Чтение», «Говорение») и может быть полезно для достижения коммуникативной компетенции заявленного уровня и активизации лексико-грамматических навыков.

Пособие построено на материале аутентичных текстов разных жанров. Темы текстов соответствуют «Требованиям по русскому языку как иностранному. Общее владение».

Познакомиться с вебинаром автора можно по ссылке:
http://www.zlat.spb.ru/catalog5_2_386.html.

ISBN 978-5-86547-941-3

Подготовка оригинал-макета: издательство «Златоуст».
Подписано в печать 02.07.18. Формат 60×90/8. Печ. л. 20,5. Печать офсетная. Тираж 3000 экз. Заказ № 17580.
Код продукции: ОК 005-93-953005.

Санитарно-эпидемиологическое заключение на продукцию издательства Государственной СЭС РФ
№ 78.01.07.953.П.011312.06.10 от 30.06.2010 г.

Издательство «Златоуст»: 197101, Санкт-Петербург, Каменноостровский пр., д. 24, оф. 24.
Тел.: (+7-812) 346-06-68, 703-11-78; e-mail: sales@zlat.spb.ru; http://www.zlat.spb.ru.

Отпечатано в типографии ООО «ЛД-ПРИНТ».196644, СанктПетербург, Колпинский р-н, п. Саперный, территория предприятия «Балтика», д. б/н, лит. Ф. Тел. (+7812) 4628383, email: office@ldprint.ru.

СОДЕРЖАНИЕ

ПРЕДИСЛОВИЕ

Учебный комплекс «В мире людей» адресован иностранцам, изучающим русский язык.

Данный учебный комплекс можно считать полифункциональным, потому что он может использоваться и в качестве тренажёра для подготовки к тестированию на заявленный уровень (общее владение), и как учебное пособие, предназначенное для развития у учащихся умений и навыков всех видов речевой деятельности — чтения, говорения, аудирования и письма.

Учебный комплекс состоит из четырёх выпусков.

• Выпуск 1. Письмо. Говорение (ТРКИ-2 — ТРКИ-3);
• Выпуск 2. Аудирование. Говорение (ТРКИ-2 — ТРКИ-3);
• Выпуск 3. Часть 1. Чтение. Говорение (ТРКИ-2);
• Выпуск 3. Часть 2. Чтение. Говорение (ТРКИ-3).

В учебном комплексе «В мире людей» реализована интегрированная модель обучения, которая предполагает формирование лексико-грамматических умений и навыков в неразрывной связи с развитием умений и навыков всех видов речевой деятельности. В каждом выпуске есть разделы, которые направлены на активизацию этих навыков:

• Выпуск 1. «Лексико-грамматический тест» (контроль пройденного материала в тестовой форме);
• Выпуск 2. «Активизация языковых и речевых навыков» (упражнения по лексике и стилистике);
• Выпуск 3. «Активизация языковых и речевых навыков» (упражнения по лексике, словообразованию, фразеологии, синтаксису и стилистике), тестовый практикум «Лексика. Грамматика».

Система упражнений комплекса способствует также развитию навыков продукции устной и письменной речи на различных типах аудиовизуальной основы. Специальные задания раздела «Активизация языковых и речевых навыков» нацелены на развитие навыков говорения.

Каждый выпуск комплекса содержит аутентичные тексты разных жанров, объединённые общей темой и логически между собой связанные. Эти темы способствуют формированию социокультурной компетенции учащихся. Темы проходят через все выпуски комплекса. Например, тема 1 «Мир, в котором мы живём. Проблемы общества» представлена в разных выпусках:

Выпуск 1. Тема 1.2. Социальные проблемы;
Выпуск 2. Монолог 2.1.1. Фрагмент художественного фильма «Заяц над бездной»;
Выпуск 3. Текст 1.1.1. Достопримечательности Мурома;
        Текст 2.1.1. Новая российская столица как национальный проект;
        Текст 3.1.1. «Алмазная колесница» (отрывок из романа Бориса Акунина);
        Текст 3.1.2. «Обыкновенная история» (отрывок из романа Ивана Гончарова).

Ориентироваться в материалах разных выпусков комплекса поможет сквозная нумерация.

Часть 1 выпуска 3 данного учебного комплекса предназначена для развития умений и навыков чтения и говорения. Пособие можно использовать и для подготовки к тестированию по уровню ТРКИ-2 (субтесты «Чтение», «Говорение»), и в качестве собственно учебного пособия по русскому языку как иностранному (ТРКИ-2). Задания формулируются в соответствии с Типовыми тестами ТРКИ-2 и предлагаются преимущественно для самостоятельной работы.

В выпуске 3.1 сохраняется основной для всего учебного комплекса модульный принцип расположения материала в соответствии с темами, обозначенными в Требованиях ТРКИ-2:

• Человек и его личная жизнь: семья; работа / профессия; свободное время / отдых / увлечения; мужчина и женщина;
• Человек и общество;
• Человек и искусство;
• Человек и наука.

Базой для развития умений и навыков чтения и говорения служит социокультурная компетенция.

Основной единицей обучения является текст. Последовательность расположения материала определяется жанром текстов и видом чтения: в части 1 комплекса собраны тексты для **ознакомительного чтения**; в части 2 — тексты для п**оисково-просмотрового чтения**; в части 3 — для **изучающего чтения**.

4

М.Н. Макова, О.А. Ускова. В мире людей. Выпуск 3. Часть 1. Чтение. Говорение

Материал выпуска ориентирован на разные уровени сложности и типы текста:

В части 1 по каждой теме представлены два нарративных текста СМИ с учётом уровня владения языком ТРКИ-2: текст 1 — нижний порог ТРКИ-2 (66 %), текст 2 — верхний порог ТРКИ-2;

В части 2 по каждой теме представлены аргументативные тексты СМИ и образцы официально-делового письма в соответствии с Требованиями ТРКИ-2.

В части 3 по каждой теме представлены два художественных текста: текст 1 — отрывок из произведения современной литературы, уровень сложности — нижний порог ТРКИ-2 (66 %), текст 2 — отрывок из произведения классической литературы, уровень сложности — верхний порог ТРКИ-2.

Желаем вам успехов!

Авторы

М.Н. Макова, О.А. Ускова. В мире людей. Выпуск 3. Часть 1. Чтение. Говорение

5

1 ОЗНАКОМИТЕЛЬНОЕ ЧТЕНИЕ

ТЕКСТ 1.1.1

Объём текста: 403 слова.
Время выполнения задания: 15 мин.

Задание Жизнь людей в малых городах существенно отличается от жизни жителей мегаполисов. Вы нашли информацию о городе Муроме. Прочитайте статью из газеты, закончите предложения, данные после неё, выберите правильный вариант. ☞

ДОСТОПРИМЕЧАТЕЛЬНОСТИ МУРОМА

Гуляя по городу, не веришь, что несколько лет назад старинные храмы, которыми знаменит Муром, были в плачевном состоянии. Что говорить! В самом древнем на Руси Спасском монастыре, основанном в 1096 году, квартировала воинская часть. А сейчас! Входишь на территорию — и будто оказался среди декораций фильма о первозданной Руси. Только всё тут настоящее.

В центре монастыря — громадина Спасо-Преображенского собора, вокруг — церквушки поменьше. И везде опрятные газоны, клумбы — в напоминание о том, что богоугодные заведения были центрами образцового земледелия.

На досках читаем имена тех, кто жертвовал средства на реставрацию монастыря и других памятников старины. О! Знакомые всё лица! Многие фамилии есть в списке ста самых богатых людей России, публикуемом журналом «Форбс».

Муромчане гордятся своими знаменитыми земляками. Один из них — Владимир Зворыкин, отец телевидения. Родился здесь, учился в Петербурге и начал там опыты по передаче изображения на расстояние. После революции уехал в Америку, где и изобрёл кинескоп. Зворыкин тайно посетил Муром в 1968 году. Правда, ему только казалось, что это тайна, американского туриста всю дорогу вели сотрудники КГБ. Сейчас в бывшем доме Зворыкиных историко-художественный музей.

За свои богатые коллекции, насчитывающие 87 000 экспонатов, музей получил уважительное название «Малый Эрмитаж». В Муромском историко-художественном музее представлены произведения древнерусской культуры, иконы и церковная утварь, предметы быта дореволюционного дворянства и купечества. Здесь можно увидеть работы таких известных художников, как К.П. Брюллов, И.И. Шишкин, В.И. Суриков, К.А. Коровин.

Неизменный интерес посетителей вызывает фрагмент крестьянской избы с надлежащей утварью: печкой, прялкой, глиняной и деревянной посудой. На столе лежит полотенце с вышитой на нём забавной надписью: «8 девок — один я, куда девки — туда я», а под окном висит детская люлька. Также вниманию гостей музея предлагается мужская и женская одежда, сшитая вручную, орудия земледелия (плуги и косы), фрагмент первого муромского водопровода, высеченного из ствола дерева, старинный велосипед 1880 года. В музее воссоздан фрагмент интерьера купеческой лавки, где «продаются» изысканные кружева, перчатки, духи, фарфор и прочее.

Третий этаж дома Зворыкиных занимает экспозиция «Древнерусское церковное искусство». Сотрудники музея называют эту коллекцию «золотой кладовой» Мурома. Она не столь велика (около 1800 экспонатов), но имеет высокую историческую и художественную ценность.

И всё-таки главная достопримечательность Мурома — река Ока. В древности за ней заканчивалась Русская земля. Перед тем как брать Казань, Иван Грозный копил силы и собирал воинов на берегах Оки. С Оки открывается потрясающая панорама города. Именно по Оке и прибывала раньше в Муром масса туристов на круизных теплоходах. Теперь водного кольца нет: река обмелела. Вот и добираются до Мурома любители старины кто на чём может.

(По материалам газеты «Комсомольская правда»)

М.Н. Макова, О.А. Ускова. В мире людей. Выпуск 3. Часть 1. Чтение. Говорение

7

1. Город Муром привлекает прежде всего… .
   а) специалистов по истории науки
   б) любителей искусства
   в) поклонников старины

2. По мнению автора, самым примечательным местом в городе является … .
   а) Спасский монастырь
   б) дом Зворыкина
   в) река, на которой расположен город

3. На территории монастыря … .
   а) растёт много цветов
   б) выращивают фрукты и овощи
   в) раньше был большой огород

4. Изобретатель кинескопа Владимир Зворыкин … .
   а) коренной муромчанин
   б) был проездом в Муроме
   в) коллекционировал предметы древнерусского искусства

5. В настоящее время на средства спонсоров … .
   а) создана инфраструктура города
   б) размещена воинская часть
   в) восстановлены памятники истории

6. Основную художественную ценность музея представляют … .
   а) предметы крестьянского быта
   б) экспонаты церковного искусства
   в) личные вещи Зворыкина

7. В истории Мурома Иван Грозный известен тем, что … .
   а) собирал войско под его стенами
   б) присоединил его к Московскому царству
   в) неоднократно бывал в городе

8. Автор рассказывает о городе … .
   а) с грустью
   б) увлеченно
   в) с иронией

Активизация языковых и речевых навыков

Задание 1. **Объясните значение следующих слов и выражений:**

дворянство, духовенство, купечество, крестьянство

Задание 2. **Приведите синонимы / антонимы следующих слов и выражений:** ⊶

лавка; отец (телевидения); изобрести; брать (город); быть в плачевном состоянии; копить силы

8

М.Н. Макова, О.А. Ускова. В мире людей. Выпуск 3. Часть 1. Чтение. Говорение

Задание 3. Укажите, из каких слов образованы следующие сложные слова: ☞

водопровод, земледелие, богоугодный, историко-художественный, первозданный

Задание 4. Приведите русские эквиваленты интернациональных слов: ☞

коллекционер, реставрация, фрагмент, экспозиция, экспонат

Задание 5. Найдите однокоренные слова: ☞

1. быт	а. изображать
2. громадина	б. бытовой
3. изображение	в. печь
4. кладовая	г. рука
5. печка	д. громадный
6. неизменный	е. класть
7. жертвовать	ж. жертва
8. обмелеть	з. мелкий
9. вручную	и. изменение

Задание 6. а) Объясните разницу в значении следующих слов:

название — имя — прозвище — кличка — псевдоним;
сосед — земляк — соотечественник

б) Составьте предложения с этими словами.

Задание 7. Передайте смысл данных предложений и микротекстов другими словами.

1. С Оки открывается потрясающая панорама города.
2. Неизменный интерес посетителей музея вызывает фрагмент крестьянской избы.
3. За свои богатые коллекции, насчитывающие 87 000 экспонатов, музей получил уважительное название «Малый Эрмитаж».
4. На досках читаем имена тех, кто жертвовал средства на реставрацию монастыря и других памятников старины. О! Знакомые всё лица!
5. Что говорить! В самом древнем на Руси Спасском монастыре, основанном в 1096 году, квартировала воинская часть. А сейчас! Входишь на территорию — и будто оказался среди декораций фильма о первозданной Руси.
6. Зворыкин тайно посетил Муром в 1968 году. Правда, ему только казалось, что это тайна, американского туриста всю дорогу вели сотрудники КГБ.

Задание 8. Место, где человек родился, родительский дом, семья оставляют свой след в его последующей жизни. Примите участие в беседе на тему «Малая родина».

Ваша задача:
— высказать своё мнение, уточнить и обосновать его;
— согласиться или опровергнуть мнение собеседника, привести свои аргументы;
— привести примеры (например, прокомментируйте высказывание Теодора Рузвельта: «Делай, что можешь, с тем, что имеешь, там, где ты есть»);
— привести сравнение (например, скажите, как вы понимаете русскую пословицу «Где родился, там и пригодился», приведите пословицы вашего народа);
— выразить оценочное осуждение.
***ТРКИ-2/ Говорение, задание 15.**

М.Н. Макова, О.А. Ускова. В мире людей. Выпуск 3. Часть 1. Чтение. Говорение

9

ТЕКСТ 1.1.2

Объём текста: 415 слов.
Время выполнения задания: 15 мин.

Задание Россия удивляет не только своей огромной территорией, но и тем, что общественная жизнь каждого региона уникальна, имеет особенности. В Интернете вы нашли информацию о знаменитых Красноярских Столбах. Прочитайте статью и закончите предложения, данные после неё, выберите правильный вариант. ☛

КРАСНОЯРСКИЕ СТОЛБЫ — ЗАПОВЕДНИК СКАЛОЛАЗОВ

Красноярскому заповеднику «Столбы» исполнилось 90 лет. В 1925 году Енисейский губисполком постановил считать территорию вокруг уникальных скал заповедником местного значения, запретив вырубать здесь лес, добывать камень и портить естественный вид скал любыми надписями. В заповедник вошло около 4 тысяч гектаров земли. В результате там, где до создания охранной зоны были каменоломни и сплошные вырубки, сегодня вновь поднялась кажущаяся первозданной тайга, а сами Столбы превратились в место паломничества красноярцев.

Удивительная красота Столбов сразу после того, как они были открыты, привлекала тысячи желающих полюбоваться природным феноменом. Все жители Красноярска считают своим долгом хотя бы раз за сезон сходить на Столбы.

В 30–40-е годы позапрошлого века, когда в Енисейской губернии не на шутку разбушевалась золотая лихорадка, до Столбов добрались и старатели. Однако Столбам повезло: рассыпного золота здесь не оказалось, и старатели быстро утратили интерес к неперспективному участку. Природный феномен почти не пострадал от их деятельности.

В 1851 году было совершено первое официальное восхождение на считавшиеся до этого неприступными скалы. Его организовал воспитатель Владимирского приюта Вениамин Капин. Вместе со своими учениками — детьми из неблагополучных семей — он взошёл на вершину Первого Столба. Для этого пришлось заранее установить деревянные подставки на всём пути подъёма, расчистить ходы. И лишь потом в торжественной обстановке и в присутствии официальных лиц, журналистов и многочисленной публики дети с наставником поднялись на вершину. После этого все российские газеты отрапортовали — покорена сибирская Швейцария, куда не могла ступить нога человека. Так был поставлен первый альпинистский рекорд в России. С тех пор с 1851 года принято отсчитывать историю россий-

ской школы скалолазания, зарождение которой тесно связано со Столбами.

К концу XIX века начали покорять Столбы уже не десятки, а сотни скалолазов-любителей, прозванных «столбистами».

Забавно, что прорыв в скалолазании первые из них смогли совершить лишь после того, как поступились своими принципами. Сибиряки гордились тем, что, в отличие от жителей европейской части России, не были лапотниками — никогда не носили лапти, только сапоги. Но их скользкие кожаные подошвы никак не подходили для покорения вершин, и приходилось карабкаться вверх по подставкам из стволов поваленных деревьев, ежесекундно рискуя сорваться вниз. Поэтому, когда в 1894 году первая в России женщина-альпинистка Александра Качалова, обутая в тривиальные лыковые лапти, сумела взойти на Слоник (так называется одна из скал), столбисты были поражены, а когда оправились от первого изумления, быстро освоили новую обувь — резиновые калоши. Сибирские калоши, ставшие символом столбизма, хранятся даже в Британском национальном музее альпинизма и скалолазания.

На рубеже XIX–XX веков на Столбах заготавливали камень, вырубали лес для строительства. В 1920 году два квадратных километра возле центральных скал Столбов объявили заповедными.

Полина Виноградова

(По материалам сайта «Русская планета»: www.rusplt.ru//po-stolbam-v-kaloshah-17776.html)

1. Красноярские Столбы имеют статус ... .
   а) регионального заповедника
   б) национального парка
   в) российского ландшафтного заказника

2. Добыча золота не велась в связи ... .
   а) с отсутствием золотого запаса
   б) с запретом администрации района
   в) с плохим качеством материала

3. Первый альпинистский рекорд в России был поставлен ... .
   а) жителями Красноярска
   б) воспитанниками приюта
   в) профессиональными скалолазами

4. Толчком к развитию альпинизма в Сибири послужило ... .
   а) покорение первого Столба
   б) восторженное отношение общественности
   в) появление специальной обуви

5. Предметом гордости сибиряков были ... .
   а) сибирские калоши
   б) кожаные сапоги
   в) лыковые лапти

6. Александра Качалова удивила столбистов тем, что ... .
   а) покорила скалу Слоник
   б) использовала необычную обувь
   в) установила связи с Британским национальным музеем альпинизма и скалолазания

7. В 20-х годах XX века Столбы были местом, где ... .
   а) организовали природоохранную зону
   б) сохранялась первозданная тайга
   в) добывали полезные ископаемые

8. Автор текста преследовал цель — ... .
   а) дать рекламную информацию
   б) вызвать восхищение читателей
   в) рассказать об уникальном месте

Активизация языковых и речевых навыков

Задание 1. **Объясните значение следующих слов и выражений:**

губерния, паломничество, золотая лихорадка

Задание 2. **Приведите синонимы / антонимы следующих слов и выражений:**

варварство; заповедник; зарождение; старатель; тайга; покорить вершину; забавно; поставить рекорд; утратить интерес

Задание 3. **Приведите русские эквиваленты интернациональных слов:**

альпинист, феномен, уникальный, тривиальный

М.Н. Макова, О.А. Ускова. В мире людей. Выпуск 3. Часть 1. Чтение. Говорение

11

Задание 4. Укажите, из каких слов образованы следующие сложные слова: 🔑

губисполком, каменоломни, скалолазание

Задание 5. Найдите однокоренные слова: 🔑

1. вершина	а. счёт
2. изумление	б. рвать
3. надпись	в. отличаться
4. отличие	г. ступать
5. прорыв	д. россыпь
6. неприступный	е. изумительный
7. рассыпной	ж. верх
8. отсчитывать	з. писать

Задание 6. **а) Объясните разницу в значении следующих слов:**

учитель — преподаватель — воспитатель — наставник — тренер;
детдом — интернат — приют;
лапти — сапоги — калоши;
карабкаться — лезть — подниматься — спускаться — сорваться;
готовить — приготовить — заготовить;
знать — узнать — осознать;
рубить — порубить — вырубить

б) Составьте предложения с этими словами.

Задание 7. **Передайте смысл данных предложений другими словами.**

1. В 30–40-е годы позапрошлого века в Енисейской губернии не на шутку разбушевалась золотая лихорадка.

2. В торжественной обстановке и в присутствии официальных лиц, журналистов и многочисленной публики дети с наставником поднялись на вершину.

3. Все российские газеты отрапортовали — покорена сибирская Швейцария, куда не могла ступить нога человека.

4. Забавно, что прорыв в скалолазании первые из них смогли совершить лишь после того, как поступились своими принципами.

5. Сибиряки гордились тем, что, в отличие от жителей европейской части России, не были лапотниками — никогда не носили лапти, только сапоги.

6. Когда первая в России женщина-альпинистка Александра Качалова, обутая в тривиальные лыковые лапти, сумела взойти на Слоник (так называется одна из скал), столбисты были поражены, а когда оправились от первого изумления, быстро освоили новую обувь.

Задание 8. **В современном глобализованном мире исчезает не только индивидуальность человека, но и уникальность целых государств и регионов. Красноярские Столбы стали визитной карточкой Красноярского края. Примите участие в беседе на тему «Сохранение национальной самобытности региона: за и против».**

Ваша задача:

— **высказать своё мнение, уточнить и обосновать его;**

— **согласиться или опровергнуть мнение собеседника, привести свои аргументы;**

— **привести примеры (например, расскажите об уникальных памятниках архитектуры, природных заповедниках, значимых культурных и исторических событиях вашей страны);**

— **привести сравнение (например, прокомментируйте русскую пословицу «Каждый кулик своё болото хвалит», приведите аналогичные пословицы вашего народа; сравните национальные характеры / стереотипы / самобытность);**

— **выразить оценочное осуждение.**

*ТРКИ-2/ Говорение, задание 15.

ТЕКСТ 1.2.1

Объём текста: 402 слова.
Время выполнения задания: 15 мин.

Задание Специалисты по информационным технологиям занимают верхние строчки рейтинга профессий, но, несмотря на это, в нашем мире остаются люди, которые выбирают совсем «несовременные» профессии. Прочитайте статью о фабрике игрушек. Закончите предложения, данные после текста, выберите правильный вариант. 🖎

«ЛЮДИ ИСТОСКОВАЛИСЬ ПО КРАСИВЫМ, ДОБРЫМ ИГРУШКАМ»

Когда-то Ивановская фабрика игрушек, открытая в 1942 году, занимала все этажи четырёхэтажного здания на окраине Иванова. На ней трудились больше 550 человек, а годовой выпуск изделий составлял более 110 тысяч. В тяжёлые 90-е выжить удалось чудом. Зато теперь «фабричонка», как называет её директор Юрий Байбородин, снова на подъёме. И здесь продолжают делать точно такие же «советские» игрушки из детства, сейчас ставшие ультрамодными.

В здании, где располагается фабрика, множество офисов. «Кукольники» занимают комнаты на двух этажах. На первом, полуподвальном, находится литейный цех. Здесь смешивают пластмассу и отливают ножки, ручки, головы и туловища будущих кукол.

— Куклы бывают полиэтиленовые (они твёрдые на ощупь) и пластизолевые — мягкие, похожие на резиновые, — поясняет Байбородин, пока я рассматриваю на стеллаже только что отлитые кукольные головы, лежащие в ряд. — А для некоторых кукол делают твёрдые ножки, а туловище и голову — мягкими. Комбинировать можно как угодно. Главное, что ни тот, ни другой материал не пахнет и абсолютно не токсичен. Этим наши куклы и отличаются от дешёвых иностранных. Но они дороже — потому и не все магазины готовы с нами сотрудничать... Когда я был маленький, у нас с сестрой был игрушечный клоун, — с улыбкой вспоминает директор, доставая готовую, уже упакованную игрушку с полки и показывая её. — Он был произведён вот на этой Ивановской кукольной фабрике. Кто бы мог подумать, что через столько лет я сам буду руководить выпуском таких клоунов!

Судя по тому, какой спрос есть на наших кукол, люди истосковались по красивым, добрым игрушкам. Заказывают наших кукол из самых разных уголков

России, отправляем их в Челябинск, Волгоград, Сыктывкар — обеспечиваем почти всю страну. Мощности надо наращивать. Когда я пришёл сюда директором, фабрика выпускала около 9 тысяч кукол в год, сейчас — 40 тысяч. При этом у нас огромный ассортимент — 97 моделей.

Сами куклы одинаковые, различаются лишь причёсками, цветом губ, одеждой. В этом отношении много экспериментируем. Есть куклы Мальвины с голубыми волосами, невесты в белых платьях, влюблённые парочки. Но все они созданы в определённых рамках, напоминают кукол нашего детства. Судя по заказам, они имеют успех. Знаю, что кировская фабрика игрушек «Весна» недавно выпустила чернокожего пупса. Мы пока к изготовлению негров не готовы *(смеётся)*. Сейчас разрабатываем модель куклы с рюкзачком. Уже есть мальчики-зайчики с ушами.

— Наши работники трудятся на фабрике давно, некоторые уже по 40–50 лет. Сами понимаете, без любви к куклам это невозможно, — говорит, провожая нас до дверей, кладовщица Светлана Григорьева. — У нас такая добрая, тёплая работа, что уходить отсюда не хочется. Мы создаём детям настроение.

Анна Яблокова

(По материалам сайта rusplt.ru/sdelano-russkimi)

1. В настоящее время объём производства на фабрике ... .
   а) остаётся на уровне середины прошлого века
   б) сократился по сравнению с послевоенным периодом
   в) увеличивается с каждым годом

2. Цены на игрушки Ивановской фабрики ... .
   а) вполне умеренные
   б) достаточно высокие
   в) ниже, чем на импортную продукцию

3. Нынешний директор фабрики ... .
   а) с детства мечтал мастерить кукол
   б) стал директором, как и его сестра
   в) не предполагал, что будет здесь работать

4. Мастера Ивановской фабрики ... .
   а) меняют только внешность кукол
   б) экспериментируют с материалом для кукол
   в) избегают каких-либо экспериментов

5. Игрушки фабрики пользуются успехом благодаря ... .
   а) экологически чистому составу
   б) особым эмоциям, вызываемым у покупателей
   в) своей оригинальности

6. Коллектив фабрики ... .
   а) является постоянным
   б) часто обновляется
   в) нуждается в специалистах

7. Говоря о фабрике, директор ... .
   а) смотрит в будущее с оптимизмом
   б) не строит прогнозов
   в) акцентирует внимание на трудностях

8. Цель данного текста — ... .
   а) вызвать восхищение читателей
   б) рассказать об интересном производстве
   в) представить рекламную информацию

Активизация языковых и речевых навыков

Задание 1. **Объясните значение следующих слов и выражений:**

кукла Мальвина; пупс (пупсик); мальчики-зайчики с ушами

Задание 2. **Приведите синонимы / антонимы следующих слов и выражений:**

окраина; спрос; токсичный; производить; как угодно; уголок (страны)

Задание 3. **Приведите русские эквиваленты интернациональных слов:**

ассортимент, негр, ультрамодный, экспериментировать

Задание 4. Укажите, из каких слов образованы следующие сложные слова: ⚷—

иностранный, пластмасса, полуподвальный, руководить, чернокожий, четырёхэтажный

Задание 5. Найдите однокоренные слова: ⚷—

1. кукольник
2. окраина
3. мощность
4. влюблённый
5. истосковаться
6. настроение
7. обеспечивать
8. пахнуть

а. обеспеченный
б. запах
в. любовь
г. кукла
д. настраивать
е. мощь
ж. край
з. тоска

Задание 6. **а) Объясните разницу в значении следующих слов:**

дело — изделие — делец;
кладовщик — хранитель — охранник — сторож — телохранитель;
чудо — чудесный — чудной — чудак

б) Составьте предложения с этими словами.

Задание 7. **Передайте смысл данных предложений и микротекстов другими словами.**

1. На фабрике трудились больше 550 человек, а годовой выпуск изделий составлял более 110 тысяч.

2. В тяжёлые 90-е выжить удалось чудом. Зато теперь «фабричонка», как называет её директор Юрий Байбородин, снова на подъёме.

3. Они дороже — потому и не все магазины готовы с нами сотрудничать.

4. Судя по тому, какой спрос есть на наших кукол, люди истосковались по красивым, добрым игрушкам.

5. Мощности надо наращивать.

6. Наши работники трудятся на фабрике давно, некоторые уже по 40–50 лет. Сами понимаете, без любви к куклам это невозможно.

Задание 8. **При выборе профессии каждый человек руководствуется разными критериями. Примите участие в беседе на тему «Работать ради зарплаты или ради удовольствия?».**

Ваша задача:
— **высказать своё мнение, уточнить и обосновать его;**
— **согласиться или опровергнуть мнение собеседника, привести свои аргументы;**
— **привести примеры (например, рейтинг высокооплачиваемых профессий),**
— **привести сравнение (например, кукольный мастер — романтическая профессия прошлого или востребованная профессия будущего?);**
— **выразить оценочное осуждение.**

*ТРКИ-2/ Говорение, задание 15.

М.Н. Макова, О.А. Ускова. В мире людей. Выпуск 3. Часть 1. Чтение. Говорение

15

ТЕКСТ 1.2.2

Объём текста: 404 слова.
Время выполнения задания: 15 мин.

Задание Каждый российский регион по-своему уникален как с точки зрения природного ландшафта, экономического развития, культурного потенциала, так и с точки зрения возможностей для профессионального самовыражения. Прочитайте статью о камнерезах из Тувы. Закончите предложения, данные после статьи, выберите правильный вариант. ✍

ГОЛОС КАМНЯ

В Туве живёт единственный в мире тюркоязычный народ, исповедующий буддизм. Местные археологические находки заставляют переписывать мировую историю. Даже тувинские почтовые марки, выпущенные в период существования Тувинской народной республики, с 1921 по 1944 год, являются одними из самых редких в мире. И именно в Туве сохранилось и продолжает развиваться редчайшее камнерезное искусство — резьба по агальматолиту.

Этот солнечный камень добывают в горах на западе республики. Практически все жители села, расположенного неподалёку от месторождения, владеют искусством резьбы.

В одной небольшой деревне проживают 27 членов Союза художников России, народный художник РФ, заслуженные художники Тувы. Они вырезают фигурки животных: коней, верблюдов, оленей, а также сказочных львов-арзыланов, которые, как говорят легенды, никогда не показываются людям и лишь иногда посылают в селения своих младших наместников — собак. Во всём мире ценятся уникальные шахматы, выполненные в особой местной стилистике: короля изображает лама, слона — верблюд, а в роли ферзя выступает грозный арзылан.

Мы встретились с одним из мастеров этого древнего искусства — членом Союза художников России, заслуженным работником Республики Тува, камнерезом, музыкантом, изготовителем музыкальных инструментов, учителем высшей категории Владимиром Салчаком.

Работы камнереза из маленькой деревушки стоят в кабинетах федеральных чиновников. На каждый такой сувенир уходит 3–4 месяца работы. Причём затягивать с обработкой нельзя — агальматолит мягок и податлив только в первое время после того, как извлечён из земли. Поэтому мастеру нужно спешить.

Владимир Салчак любит пересказывать тувинскую легенду о том, как появился этот уникальный минерал.

Однажды два дракона вступили в жестокую схватку друг с другом. Один из них получил смертельную рану, упал на землю и сразу же превратился в камень. Агальматолит — это окаменевший мозг дракона. А значит, и относиться к нему нужно с уважением. Каждый камень следует долго держать в руках, рассматривать — и тогда он сам подскажет, что из него нужно сделать. Не человек выбирает, что вырезать из агальматолита, а он сам говорит ему, чем он хочет стать.

Сидеть без дела мастер не привык, поэтому с порога предлагает:

— А давайте, пока мы разговариваем, я вам что-нибудь на память сделаю.

Я попросила вырезать сову. Он достаёт коробку с камнями, сразу же выбирает нужный кусок агальматолита и принимается за работу. Через час из камня выглядывает голова совы, а потемневшие края превращаются в крылья. Кажется, что мастер просто помогает птице появиться на свет, и сделать это легко и просто. Но стоило попроситься самой сесть за верстак и попробовать провести хоть одну линию, как стало понятно: нет, вся эта лёгкость обманчива. Чтобы за час вырезать из агальматолита хотя бы простой кубик, нужны годы тренировок.

Полина Виноградова
(По материалам сайта «Русская планета»)

16

М.Н. Макова, О.А. Ускова. В мире людей. Выпуск 3. Часть 1. Чтение. Говорение

1. Тувинцы уникальны благодаря своей ... .
   а) многовековой истории
   б) религии
   в) самобытной культуре

2. Большинство жителей деревни на западе Тувы ... .
   а) владеют искусством резьбы
   б) являются народными художниками
   в) добывают уникальный камень

3. Изделия тувинских мастеров ... .
   а) расходятся по всему миру
   б) не встречаются за пределами республики
   в) целиком идут на экспорт

4. Из агальматолита мастера вырезают ... .
   а) любую фигурку по своему вкусу
   б) фигурки людей и животных
   в) фигурки сказочных и реальных зверей

5. По мнению народного художника, ...
   а) опыт определяет, чтó вырезать из камня
   б) богатая фантазия помогает созданию сказочных фигур
   в) сам камень подсказывает форму изделия

6. Во время разговора с автором текста мастер работал, ...
   а) чтобы продемонстрировать своё мастерство
   б) поскольку привык постоянно трудиться
   в) так как у него был срочный заказ

7. За час беседы с журналистом мастер сделал ... .
   а) простой кубик
   б) национальный сувенир
   в) деталь фигурки из камня

8. Автор текста рассказывает о народном промысле ... .
   а) с теплотой и симпатией
   б) с недоумением и восхищением
   в) бесстрастно и незаинтересованно

Активизация языковых и речевых навыков

Задание 1. **Объясните значение следующих выражений:**

наместник; буддизм; Союз художников России; народный художник; заслуженный художник

Задание 2. **Приведите синонимы / антонимы следующих выражений:** ⊶

вступить в схватку; приниматься за работу; появиться на свет

Задание 3. **Укажите, из каких слов образованы следующие сложные слова:** ⊶

тюркоязычный, камнерез, месторождение

М.Н. Макова, О.А. Ускова. В мире людей. Выпуск 3. Часть 1. Чтение. Говорение

17

Задание 4. **Найдите однокоренные слова:** 🔑

1. находка
2. резьба
3. село
4. существование
5. обманчивый
6. добывать
7. исповедовать
8. окаменевший

а. селиться
б. исповедь
в. добыча
г. камень
д. найти
е. резать
ж. существовать
з. обман

Задание 5. **а) Объясните разницу в значении следующих слов:**

село — селение — поселение — посёлок — население;
цена — ценность — драгоценность — оценка;
чиновник — госслужащий — наместник — губернатор;
мозг — мозги — ум — разум — интеллект

б) Составьте предложения с этими словами.

Задание 6. **Передайте смысл данных предложений и микротекстов другими словами.**

1. Практически все жители села, расположенного неподалёку от месторождения, владеют искусством резьбы.

2. Работы камнереза из маленькой деревушки стоят в кабинетах федеральных чиновников.

3. Во всём мире ценятся уникальные шахматы, выполненные в особой местной стилистике: короля изображает лама, слона — верблюд, а в роли ферзя выступает грозный лев.

4. Сидеть без дела мастер не привык, поэтому с порога предлагает: «А давайте, пока мы разговариваем, я вам что-нибудь на память сделаю».

5. Но стоило попроситься самой провести хоть одну линию, как стало понятно: нет, вся эта лёгкость обманчива.

Задание 7. **У каждой нации есть свои представления о деятельности и профессиональных достижениях. Примите участие в беседе на тему «Народные промыслы как залог сохранения национальной культуры».**

Ваша задача:
— **высказать своё мнение, уточнить и обосновать его;**
— **согласиться или опровергнуть мнение собеседника, привести свои аргументы;**
— **привести примеры (например, все знают швейцарский шоколад и банки, японские суши и электронику, немецкое пиво и автомобили и т.д., расскажите, чем известна ваша страна);**
— **привести сравнение (например, скажите, как вы понимаете русскую пословицу «Дело мастера боится», приведите пословицы вашего народа);**
— **выразить оценочное осуждение (например, прокомментируйте пословицу «Не место красит человека, а человек — место»).**

* ТРКИ-2 / Говорение, задание 15.

18

М.Н. Макова, О.А. Ускова. В мире людей. Выпуск 3. Часть 1. Чтение. Говорение

ТЕКСТ 1.3.1

Объём текста: 397 слов.
Время выполнения задания: 15 мин.

Задание **К сожалению, в современном обществе есть люди, потерявшие семью, дом, работу. Кто виноват в их судьбе и кто должен им помочь? К решению этих проблем в каждой стране подходят по-своему. Прочитайте статью. Закончите предложения, данные после неё, выберите правильный вариант.** ⚼

МИЛОСТИ НЕ ПРОСИМ

В Москве могут появиться плотники, лифтёры, сварщики и слесари трудной судьбы. Этим профессиям собираются обучать людей без определённого места жительства в центре социальной адаптации «Люблино». В ближайшее время там могут заработать курсы рабочих специальностей для бездомных.

В марте центр социальной адаптации «Люблино» проведёт соцопрос среди бездомных. Соцработники хотят выяснить, интересны ли им курсы профподготовки. Если выяснится, что интерес к обучению есть, курсы откроются уже в ближайшее время. Там можно будет освоить самые востребованные рабочие профессии, причём совершенно бесплатно. Сейчас такая привилегия даётся далеко не всем. «Информацию по вопросам переобучения и о вакансиях мы предоставляем всем гражданам. Но бесплатное обучение мы можем предложить только зарегистрированным в качестве безработных, а это лица с московской регистрацией», — сообщил замглавы департамента труда и соцзащиты населения Андрей Бесштанько. В такой ситуации получается, что бесплатно получить востребованную профессию люди без регистрации не могут. А к ним как раз и относятся бездомные.

С помощью курсов можно будет решить две основные задачи. Во-первых, помочь вернуться к нормальной жизни тем бездомным, кто действительно хочет работать, а не попрошайничать. Конечно, среди людей без определённого места жительства много тех, кто давно опустился и попал на улицу из-за пристрастия к алкоголю. В большинстве своём менять образ жизни они не собираются, предпочитая просить милостыню, а полученные деньги пропивать. Но есть среди них люди, которые и хотели бы изменить жизнь, но не могут: не получается устроиться на работу, нет специальности или они просто не знают, как вырваться из порочного круга. Не говоря уже о людях, которые остались без жилья в

силу разных обстоятельств и просто попали в тяжёлую жизненную ситуацию. Нужно сделать всё возможное, чтобы вернуть их в общество, а главное, не дать им опуститься до уровня попрошаек.

Во-вторых, бездомных можно трудоустроить на те должности, которые непопулярны среди местных жителей. Например, в сфере ЖКХ. Бездомные вполне могли бы занять места, на которых сейчас трудятся мигранты, тем более что там работникам предоставляется жильё. Это пусть и временное, но всё же решение квартирного вопроса. А именно отсутствие жилья и является основной проблемой бездомных. Человек просто не может устроиться на хорошую работу и начать новую жизнь, если ему приходится ночевать на вокзале и банально негде помыться. Вопросы жилья и трудоустройства нужно решать комплексно. И очень важно сформировать систему социальных лифтов. Человек должен понимать, что из любой, даже самой тяжёлой ситуации есть выход. Но выход этот не в благотворительной помощи сострадающих и государства, а в возможности самому заработать на достойную жизнь.

(По материалам сайта «Русская планета»)

1. В целях решения проблемы бездомных в столице … .
   а) открылись курсы социальной адаптации
   б) планируется организовать их обучение
   в) работает школа рабочих специальностей

2. Цель соцопроса — … .
   а) выявить бомжей
   б) выяснить необходимость переобучения безработных
   в) зарегистрировать бездомных

3. В среде бездомных много людей, … .
   а) которые хотят уехать в другой город
   б) которых всё устраивает
   в) которые стремятся вернуться к достойной жизни

4. По мнению автора, очень сложно вернуть в общество … .
   а) попрошаек и пьяниц
   б) людей без профессии
   в) мигрантов

5. Задача государства — … .
   а) создать систему социальных лифтов
   б) организовать благотворительную помощь
   в) увеличить количество рабочих мест

6. Проблемы жилья и трудоустройства … .
   а) взаимосвязаны
   б) решаются независимо друг от друга
   в) требуют внимательного отношения

7. Присутствие мигрантов … проблемы бездомных.
   а) не оказывает влияния на решение
   б) затрудняет поиск решения
   в) способствует решению

8. При решении проблемы трудоустройства безработных … .
   а) учитывается уровень образования
   б) предлагается большой выбор специальностей
   в) предоставляется непрестижная работа

Активизация языковых и речевых навыков

Задание 1. **Приведите синонимы / антонимы следующих слов и выражений:** ⌐

бомж, глава, отсутствие, привилегия, пристрастие, вырваться, освоить, предоставлять

Задание 2. **Укажите в тексте существительные, обозначающие названия профессий, которые образованы при помощи суффиксов -ник, -щик, -арь, -ер (ёр).** ⌐

Задание 3. **Приведите русские эквиваленты интернациональных слов:** ⌐

адаптация, вакансия, регистрация

20

М.Н. Макова, О.А. Ускова. В мире людей. Выпуск 3. Часть 1. Чтение. Говорение

Задание 4. Укажите, из каких слов образованы следующие сложные слова и аббревиатуры:

замглавы, профподготовка, соцзащита, соцработник, соцопрос, благотворительный, трудоустроить; бомж, ЖКХ

Задание 5. Найдите однокоренные слова:

1. пристрастие   а. просить
2. бездомный   б. рвать
3. временный   в. время
4. востребованный   г. страсть
5. вырваться   д. дом
6. опуститься   е. спуск
7. попрошайничать   ж. требовать

Задание 6. а) Объясните разницу в значении следующих слов и выражений:

милый — милость — милостыня;
просьба — проситель — попрошайка;
образ — образ жизни — образ мыслей — художественный образ;
достоинство — достойная кандидатура — достойная жизнь;
порок — порочный человек — порочный круг;
устроиться — устроиться на работу — устроиться в гостинице — устроиться в жизни;
социальный работник — социальная адаптация — социальный лифт

б) Составьте предложения с этими словами.

Задание 7. Передайте смысл данных микротекстов и предложений другими словами.

1. Среди людей без определённого места жительства много тех, кто давно опустился и попал на улицу из-за пристрастия к алкоголю.

2. Люди просто не знают, как вырваться из порочного круга.

3. Люди остались без жилья в силу разных обстоятельств и просто попали в тяжёлую жизненную ситуацию.

4. Нужно сделать всё возможное, чтобы вернуть их в общество, а главное, не дать им опуститься до уровня попрошаек.

5. Конечно, среди людей без определённого места жительства много тех, кто давно опустился и попал на улицу из-за пристрастия к алкоголю.

6. Бездомные вполне могли бы занять места, на которых сейчас трудятся мигранты, тем более что там работникам предоставляется жильё. Это пусть и временное, но всё же решение квартирного вопроса.

7. Информацию по вопросам переобучения и о вакансиях предоставляется всем гражданам. Но бесплатное обучение предлагают только зарегистрированным в качестве безработных, а это лица с московской регистрацией.

Задание 8. Социальные проблемы — безработица, бездомные, алкоголизм, наркомания, нелегальной миграции — вызывают неоднозначное отношение в разных слоях общества. Примите участие в беседе, обсудите, как в вашей стране решаются эти проблемы.

Ваша задача:
— высказать своё мнение, уточнить и обосновать его;
— согласиться или опровергнуть мнение собеседника, привести свои аргументы;
— привести примеры (например, работа центров занятости, размеры социальных пособий и т.д.);
— привести сравнение (например, прокомментируйте известную фразу: «Не давай нищему рыбу, дай ему удочку и научи рыбу ловить»);
— выразить оценочное осуждение.
*ТРКИ-2/ Говорение, задание 15.

М.Н. Макова, О.А. Ускова. В мире людей. Выпуск 3. Часть 1. Чтение. Говорение

21

ТЕКСТ 1.3.2

Объём текста: 405 слов.
Время выполнения задания: 15 мин.

Задание Судьбы необычных женщин всегда вызывают интерес. Прочитайте отрывок статьи о единственной в мире женщине — полковнике танковых войск. Закончите предложения, данные после текста, выберите правильный вариант. ☞

Я ФЕМИНИСТКА С ЮНОСТИ

Ей и сегодня присущи некоторая дерзость, гордый нрав, она абсолютно лишена уныния. Утром и вечером — крепкий кофе, день чётко спланирован, в свои восемьдесят два она читает книги на английском, учится готовить — всю жизнь этим занимались муж и дочь, принимает активное участие в судьбе собственных внуков — купила им недавно дом — и подумывает о замужестве.

Дамы, не уступающие мужчине ни интеллектом, ни крутым, волевым характером, известны в истории издревле — будь то Клеопатра или русская императрица Екатерина. Или ближе к современности — такие звёзды искусства, как Грета Гарбо, Эдит Пиаф, Майя Плисецкая. Подобной им — аскетичной и цельной, нередко бросающей вызов судьбе — женщина становится, наверное, прежде всего из-за стремления к самовыражению и неизбежной борьбы со всякими жизненными обстоятельствами… Некоторые эпизоды жизни нашей героини — полковника танковых войск Людмилы Калининой наверняка покажутся многим весьма интересными и даже выдающимися.

Пора мятежной юности этой замечательной женщины пришлась на середину тридцатых. Тогда-то по воле судьбы задорная юная особа восемнадцати лет, приехавшая в столицу из родной Уфы, решила попробовать свои силы — нет, не в музыке и не в стихосложении, и даже не на театральном поприще, а на инженерном факультете Московской военной академии, где, кстати сказать, оказалась единственной среди нескольких десятков юношей. Улыбчивая ясноокая красавица, обожающая спортивное плавание, «ворошиловский стрелок», заядлая парашютистка слыла душой компании и вечной заводилой.

«…В академии я встретила моего будущего мужа и самого любимого человека — Бориса Калинина, с которым мы поженились перед самой войной. Нам довелось служить на разных фронтах: он на Западном, я — на Южном, однако это ничуть не мешало нашему общению. В день я порой получала от него по три письма. После войны у нас родилась дочь, которую по настоянию Бориса назвали Людмилой — в мою честь. Судьба щедро наградила меня — мы прожили вместе 53 года, как самые счастливые люди на земле. Шесть лет назад Бориса не стало, но я постоянно ощущаю его присутствие, чувствую, что мы вместе по сей день».

Быть в полной форме — девиз, с которым она прошла всю свою военную дорогу. Так девушка-слесарь с Московского автозавода, куда устроилась Люда на свою первую работу, постепенно превратилась в инженера-подполковника танковых войск. Такое звание носила хрупкая молодая женщина по окончании войны. Носила и тяжеленный от орденов, от медалей тёмно-зелёный китель.

Может быть, многим подобная приверженность женщины к чисто мужской профессии покажется слишком экстравагантной, однако вряд ли кто-то будет спорить с тем, что Людмила Ивановна по натуре своей — победительница, а потому смогла дать достойные ответы на самые трудные вопросы судьбы. Не зря говорят: главная наука женщины — это наука побеждать.

Анна Соколова

(По архивным материалам газеты «Аргументы и факты»)

22

М.Н. Макова, О.А. Ускова. В мире людей. Выпуск 3. Часть 1. Чтение. Говорение

1. Героиню можно охарактеризовать как … .
   а) человека, плывущего по течению
   б) целеустремлённую личность
   в) упрямую карьеристку

2. Людмила Ивановна известна тем, что была единственной женщиной … .
   а) инженером на факультете военной академии
   б) в гражданской авиации
   в) в танковых войсках

3. В юности Люда поставила перед собой цель … .
   а) поступить в военную академию
   б) попасть на сцену
   в) выгодно выйти замуж

4. В личном плане у Людмилы Калининой … .
   а) всё как у всех
   б) судьба не сложилась
   в) жизнь удалась

5. Своего супруга Людмила встретила … .
   а) на Южном фронте
   б) в предвоенные годы
   в) в 1953 году

6. Для окружающих Калинина — … .
   а) душа общества
   б) эффектная женщина
   в) белая ворона

7. Автор ставит героиню в один ряд … .
   а) с великими полководцами прошлого
   б) со знаменитыми актрисами
   в) с выдающимися людьми современности

8. Героиня вызывает у автора чувство… .
   а) недоумения
   б) осуждения
   в) восхищения

Активизация языковых и речевых навыков

Задание 1. *Приведите синонимы / антонимы следующих слов и выражений:* ⚷

дерзость, заводила, нрав, уныние, выдающийся, задорный, подобный, щедрый, ощущать, обожать; заядлый спортсмен, мятежная юность, хрупкая девушка

Задание 2. *Укажите, из каких слов образованы следующие сложные слова:* ⚷

автозавод, самовыражение, стихосложение, ясноокая

М.Н. Макова, О.А. Ускова. В мире людей. Выпуск 3. Часть 1. Чтение. Говорение

23

Задание 3. **Приведите русские эквиваленты интернациональных слов:** ☞

аскетичный, абсолютно, интеллект, китель, экстравагантный, эпизод

Задание 4. **Найдите однокоренные слова:** ☞

1. победительница	а. бежать
2. стрелок	б. улыбка
3. стремление	в. победа
4. неизбежный	г. древность
5. присущий	д. стремиться
6. улыбчивый	е. лишение
7. лишить	ж. существо
8. издревле	з. стрелять

Задание 5. **а) Объясните разницу в значении следующих слов и выражений:**

достойный ответ — достаточное количество (чего-либо);

замечательная женщина — заметный человек;

жизненные обстоятельства — жизненный опыт;

танковые войска — военная академия;

цельный человек — целый день;

бросать вещи — бросать вызов;

носить китель — носить звание;

уступать место — уступать в интеллекте

б) Составьте предложения с эими словами.

Задание 6. **Передайте смысл данных предложений другими словами.**

1. Ей и сегодня присущи некоторая дерзость, гордый нрав, она абсолютно лишена уныния.

2. Дамы, не уступающие мужчине ни интеллектом, ни крутым, волевым характером, известны в истории.

3. Нам довелось служить на разных фронтах: он на Западном, я — на Южном.

4. После войны у нас родилась дочь, которую по настоянию Бориса назвали Людмилой — в мою честь.

5. Быть в полной форме — девиз, с которым она прошла всю свою военную дорогу…

6. Улыбчивая ясноокая красавица, обожающая спортивное плавание, «ворошиловский стрелок», заядлая парашютистка слыла душой компании и вечной заводилой…

7. Пора мятежной юности этой замечательной женщины пришлась на середину тридцатых. По воле судьбы задорная юная особа восемнадцати лет, приехавшая в столицу из родной Уфы, решила попробовать свои силы — нет, не в музыке и не в стихосложении, и даже не на театральном поприще, а на инженерном факультете Московской военной академии.

Задание 7. **Неординарные люди всегда вызывают восхищение окружающих. Примите участие в беседе «Легко ли жить с неординарным человеком?»**

Ваша задача:

— высказать своё мнение, уточнить и обосновать его;

— согласиться или опровергнуть мнение собеседника, привести свои аргументы;

— привести примеры (например, расскажите об известных вам необычных людях),

— привести сравнение (например, сравните выражения «женское счастье» и «жизнь удалась»);

— выразить оценочное осуждение.

*ТРКИ-2/ Говорение, задание 15.

24

М.Н. Макова, О.А. Ускова. В мире людей. Выпуск 3. Часть 1. Чтение. Говорение

ТЕКСТ 1.4.1

Объём текста: 427 слов.
Время выполнения задания: 15 мин.

Задание   Легендарный Байконур вошёл в мировую историю как первый советский космодром. Прочитайте отрывок статьи о выдающемся учёном, конструкторе ракетных установок, закончите предложения, данные после текста, выберите правильный вариант. ☞

ОТЕЦ БАЙКОНУРА

…В отличие от большинства других знаменитых конструкторов космической техники — Сергея Королёва, Валентина Глушко, Михаила Тихонравова, Юрия Победоносцева, которые начали изучать вопросы реактивного движения ещё в 20–30-е годы XX века, Владимир Бармин пришёл в ракетостроение относительно поздно — лишь в годы войны. До войны Бармин занимался производством… холодильников. Талантливый юноша, проявлявший живой интерес к теплотехнике, в 1926 году он поступил на механический факультет Московского механико-машиностроительного института (впоследствии переименованного в МВТУ имени Н.Э. Баумана), где защитил дипломную работу на прикладную тему «Пермский городской холодильник». Получив справку об успешном завершении учёбы в институте, Бармин был направлен на московский завод «Котлоаппарат», занимавшийся производством холодильного оборудования.

Он очень быстро зарекомендовал себя как хороший специалист и руководитель: без обиды принимал конструктивную критику, умел найти подход к подчинённым.

В самом начале войны завод «Котлоаппарат», как и многие другие заводы, был переведён на производство военной продукции. Бармин справился со своей задачей так хорошо, что по окончании войны его обратно к холодильникам уже не отпустили — как высококлассного специалиста его назначили директором Государственного союзного конструкторского бюро специального машиностроения «Спецмаш».

Бармин стал членом легендарного Совета главных конструкторов — так называемой «Большой шестёрки», группы из шести главных конструкторов, коллективы которых создавали основные компоненты всего космического комплекса. Главой «Большой шестёрки» был, разумеется, Королёв, руководивший созданием ракеты-носителя. Двигателями занимался Валентин Глушко, системами управления — Николай Пилюгин, радиотехническими системами — Михаил Рязанский, гироскопами — Виктор Кузнецов. Группе Бармина поручили одну из самых ответственных частей работы — создание стартовых комплексов для баллистических ракет.

…И наконец, начали работы над стартовым комплексом первой в мире межконтинентальной баллистической ракеты Р-7, эскизный проект которой был закончен в 1954 году. Именно этой ракете предстояло вывести на орбиту сперва первый искусственный спутник Земли, а затем и первого космонавта.

Поскольку стартовый комплекс имел огромное число связей с ракетой — как силовых, так и коммуникационных, здесь особенно была важна работа в команде, способность взаимодействовать с остальными конструкторскими группами, чтобы вырабатывать технические решения, которые были бы удобны для всех назначенных разными группами целей. Бармин обладал такой способностью в полной мере. «Это был талантливый учёный, конструктор, что называется, от бога, посвятивший свою жизнь служению Родине, — вспоминает советский историк космонавтики, конструктор Эдуард Белобородько, 40 лет проработавший с Барминым. — Я знал и запомнил его как широко образованного, эрудированного специалиста, интересы которого распространялись далеко за пределы технических областей. Он был достаточно жёстким и требовательным руководителем, любил чёткость и однозначность формулировок в изложении, не выносил, как он говорил, "политеса". Для него не было мелочей. Держался независимо и с достоинством. Ни разу я не слышал, чтобы он повысил голос в общении. Его ценили и уважали на всех уровнях, он был авторитетом и среди шестёрки Главных ещё с германской послевоенной командировки».

(По материалам сайта «Русская планета»)

1. В молодости Владимир Бармин … .
   а) интересовался ракетостроением
   б) мечтал работать на заводе «Котлоаппарат»
   в) занимался проблемами теплотехники

2. После войны Владимир Бармин был назначен … .
   а) директором «Спецмаша»
   б) руководителем «Большой шестёрки»
   в) ведущим специалистом завода «Пермский холодильник»

3. Проект, подготовленный в 1954 году, стал основой … .
   а) современных гироскопов
   б) первой космической ракеты
   в) радиолокационных систем

4. Коллеги отзывались о Бармине как о человеке … .
   а) жёстком
   б) мелочном
   в) независимом

5. На работе Бармина ценили как … .
   а) учёного от бога
   б) талантливого инженера
   в) боевого офицера

6. По воспоминаниям друзей, Владимир Бармин … .
   а) отличался высокой эрудицией
   б) жил одной работой
   в) был мастером на все руки

7. В историю России Бармин вошёл как … .
   а) выдающийся конструктор
   б) основоположник космонавтики
   в) великий физик-теоретик

8. Текст имеет признаки … .
   а) научной статьи
   б) мемуарной литературы
   в) публицистического стиля

Активизация языковых и речевых навыков

Задание 1. **Приведите синонимы / антонимы следующих слов и выражений:** ⚷

завершение; военный; прикладная наука; получить, справка

Задание 2. **Приведите русские эквиваленты интернациональных слов:** ⚷

конструктор, эрудит, эскиз

Задание 3. **Укажите, из каких слов образованы следующие сложные слова:** ⚷

ракетостроение, машиностроение, теплотехника, однозначность, высококлассный, механико-машиностро-ительный, межконтинентальный, послевоенный, радиотехнический, взаимодействовать

Задание 4. **Найдите однокоренные слова:** ⌐

1. изложение
2. формулировка
3. реактивный
4. образованный
5. холодильный
6. распространяться
7. поручить
8. переименовать

а. холод
б. простор
в. имя
г. рука
д. формула
е. реакция
ж. излагать
з. образовать

Задание 5. **а) Объясните разницу в значении следующих слов и выражений:**

ответственный человек — ответственная работа;
военная продукция — военная машина;
воин — военный — воинственный; военная продукция — воинская обязанность;
дипломный — дипломированный — дипломатический — дипломатичный

б) Составьте предложения с этими словами.

Задание 6. **Передайте смысл данных предложений и микротекстов другими словами.**

1. Группе Бармина поручили одну из самых ответственных частей работы — создание стартовых комплексов для баллистических ракет.

2. Именно этой ракете предстояло вывести на орбиту сперва первый искусственный спутник Земли, а затем и первого космонавта.

3. Он быстро зарекомендовал себя как хороший специалист и руководитель: без обиды принимал конструктивную критику, умел найти подход к подчинённым.

4. Особенно была важна работа в команде, способность взаимодействовать с остальными конструкторскими группами.

5. Владимир Бармин пришёл в ракетостроение относительно поздно — лишь в годы Великой Отечественной войны. До войны Бармин занимался производством холодильников. Талантливый юноша, проявлявший живой интерес к теплотехнике, в 1926 году он поступил на механический факультет Московского механико-машиностроительного института.

6. «Это был талантливый учёный, конструктор, что называется, от бога, посвятивший свою жизнь служению Родине», — вспоминает советский историк космонавтики, конструктор Эдуард Белобородько, 40 лет проработавший с Барминым.

7. Он был достаточно жёстким и требовательным руководителем, любил чёткость и однозначность формулировок в изложении, не выносил, как он говорил, «политеса». Для него не было мелочей. Держался независимо и с достоинством. Ни разу я не слышал, чтобы он повысил голос в общении.

Задание 7. **Стремительное развитие науки и появление новых технологий вызывают неоднозначные оценки в обществе. Примите участие в беседе «Чистая наука или технологии — что ценнее для современного человека?»**

Ваша задача:

— **высказать своё мнение, уточнить и обосновать его;**

— **согласиться или опровергнуть мнение собеседника, привести свои аргументы;**

— **привести примеры (например, прокомментируйте фразу из Библии (книга Экклезиаста): «Многие знания — многие печали»);**

— **привести сравнение (например, назовите полезные и опасные научные открытия современности);**

— **выразить оценочное осуждение.**

*ТРКИ-2/ Говорение, задание 15.

М.Н. Макова, О.А. Ускова. В мире людей. Выпуск 3. Часть 1. Чтение. Говорение

27

ТЕКСТ 1.4.2

Объём текста: 362 слова.
Время выполнения задания: 15 мин.

Задание Проблема спасения и обеспечения сохранности уникальной личности человека в условиях, когда его тело обречено на гибель, существует давно. Прочитайте статью, закончите предложения, данные после неё, выберите правильный вариант. ⚷

ПЕРЕСАДКА ГОЛОВЫ: ОТ ФАНТАСТИКИ К РЕАЛЬНОСТИ

Успешные операции по пересадке головы до сих пор считаются достоянием беллетристики — современная наука и техника к таким сложным хирургическим вмешательствам пока не готова.

Уже сегодня благодаря энтузиазму и трудам нескольких поколений отечественных исследователей стало реальностью то, что ещё недавно могло происходить исключительно на страницах фантастических романов.

В нашей стране сформировалось и продолжает расти сообщество последователей Владимира Петровича Демихова (1916–1998), который первым в мире доказал, что сохранение жизни в отделённых от тела головах возможно.

Некоторые из идей выдающегося учёного намного опередили время и не могли быть осуществлены им в полном объёме. Современная научно-техническая база, гораздо более совершенная, чем во времена Демихова, позволяет продолжить начатые им эксперименты.

В их числе было создание двухголовых животных. Обе головы, собственная и подсаженная, имели общую систему кровоснабжения и могли долго сохранять жизнеспособность.

Модификация этого метода, предложенная современными учёными, направлена на спасение человеческой личности и включает в себя несколько последовательно выполняемых действий.

Контейнер для сохранения изолированной головы конструктивно может быть похож на шлем скафандра. Необходимо, чтобы он был прозрачным, лёгким и прочным, чтобы имеющиеся в нём отверстия для ввода и вывода сосудов и прочих магистралей были защищены от проникновения инфекций. Обязательными условиями являются также возможность проведения периодических стерилизаций и надёжное сохранение необходимых параметров стабильности внутренней среды.

Контейнер закрепляется на теле добровольного донора-носителя, к крупным магистральным сосудам которого — это могут быть бедренные, подвздошные, плечевые, подключичные артерии и вены — будет подключена кровеносная система «новой» головы при помощи специальных переходников.

В артериальную магистраль между донором и реципиентом можно вмонтировать датчик, который позволит постоянно и строго дозированно поставлять в кровь иммунодепрессивные препараты для защиты головы-трансплантата от развития реакции отторжения, а в венозную магистраль — специальный фильтр для очищения поступающей из головы отработанной крови, что предохранит организм донора от различных шлаков.

Важно отметить, что предлагаемый метод дистанционного сохранения изолированной головы предусматривает возможность быстрого и безопасного её отсоединения от организма донора-носителя и не ограничивает число новых подключений. Это позволит, в том числе, добиться оптимального выбора пары с точки зрения психологической совместимости донора и реципиента.

Разумеется, говорить о клиническом применении дистанционного метода пересадки головы пока преждевременно. Этому будет предшествовать большой и сложный экспериментальный период. Он обещает немало открытий и наверняка приблизит к реальности то, что сегодня кажется фантастическим и невозможным.

Валерий Спиридонов, Анатолий Трошин (http://rusvesna.su/future/1468474427)

1. Удачные эксперименты по трансплантации головы описаны ... .
   а) в художественных произведениях
   б) в научных статьях
   в) в газетных публикациях

2. Российский учёный В.П. Демихов ... .
   а) доказал возможность пересадки головы
   б) провёл операцию по пересадке головы
   в) создал двухголовых животных

3. Идеи Владимира Петровича Демихова ... .
   а) получили признание научного сообщества
   б) резко отрицаются
   в) имеют сторонников

4. Исследования современных учёных нацелены на ... .
   а) психическую коррекцию
   б) создание нового человека
   в) сохранение личности

5. В настоящее время пересадка головы находится на стадии ... .
   а) разработки теории
   б) модификации метода Демихова
   в) клинических испытаний

6. Предложенный метод предполагает наличие ... .
   а) скафандра
   б) инфекций
   в) донора-носителя

7. По мнению авторов, операции по трансплантации головы ... .
   а) не за горами
   б) дело далёкого будущего
   в) в принципе невозможны

8. Текст имеет признаки ... .
   а) научной статьи
   б) публицистического стиля
   в) научно-публицистического стиля

Активизация языковых и речевых навыков

Задание 1. **Приведите синонимы / антонимы следующих слов и выражений:** ⊶

датчик, донор, исследователь, отверстие, пересадка, прочный, выдающийся, осуществить

Задание 2. **Приведите русские эквиваленты интернациональных слов:** ⊶

беллетристика, инфекция, контейнер, модификация, параметр, препарат, скафандр, стабильность, стерилизация, энтузиазм, изолированный, оптимальный, экспериментальный

Задание 3. **Укажите, из каких слов образованы следующие сложные слова:** ⊶

двухголовый, кровоснабжение, жизнеспособность, добровольный, иммунодепрессивный

М.Н. Макова, О.А. Ускова. В мире людей. Выпуск 3. Часть 1. Чтение. Говорение

29

Задание 4. **Найдите однокоренные слова:**

1. вмешательство
2. пересадка
3. клинический
4. закрепляться
5. опередить
6. последовательно
7. преждевременно
8. наверняка

а. верно
б. крепкий
в. время
г. след
д. клиника
е. вперёд
ж. мешать
з. подсаженный

Задание 5. **а) Объясните разницу в значении следующих слов:**

последователь — адепт — преемник;
достояние — наследие — наследство;
поколение — предки — потомки;
фантастика — фэнтези — миф — сказка — легенда;
мешать — вмешиваться не в свои дела;
верно — наверное — наверняка

б) Составьте предложения с этими словами.

Задание 6. **Передайте смысл данных предложений и микротекстов другими словами.**

1. Контейнер для сохранения изолированной головы конструктивно может быть похож на шлем скафандра.

2. Обязательными условиями являются также возможность проведения периодических стерилизаций и надёжное сохранение необходимых параметров стабильности внутренней среды.

3. Модификация этого метода, предложенная современными учёными, направлена на спасение человеческой личности и включает в себя несколько последовательно выполняемых действий.

4. Это позволит, в том числе, добиться оптимального выбора пары с точки зрения психологической совместимости донора и реципиента.

5. Некоторые из идей выдающегося учёного намного опередили время и не могли быть осуществлены им в полном объёме. Современная научно-техническая база, гораздо более совершенная, чем во времена Демихова, позволяет продолжить начатые им эксперименты.

6. Разумеется, говорить о клиническом применении дистанционного метода пересадки головы пока преждевременно. Этому будет предшествовать большой и сложный экспериментальный период.

Задание 7. **Во многих научно-фантастических романах написано об успешных научных экспериментах будущего. Примите участие в беседе на тему «Морально-этические аспекты современной науки».**

Ваша задача:

— высказать своё мнение, уточнить и обосновать его;

— согласиться или опровергнуть прозвучавшие мнения, привести свои аргументы;

— привести примеры (например, выскажите своё отношение к неоднозначным научным экспериментам, таким как клонирование, трансплантация, пластическая хирургия и др.);

— привести сравнение (например, сравните оценки результатов научных открытий, которые дают представители различных слоёв общества и учёные);

— выразить оценочное осуждение.

*ТРКИ-2/ Говорение, задание 15.

30

М.Н. Макова, О.А. Ускова. В мире людей. Выпуск 3. Часть 1. Чтение. Говорение

ТЕКСТ 1.5.1

Объём текста: 416 слов.
Время выполнения задания: 15 мин.

Задание   В 2012 году отмечалось столетие одного из лучших московских музеев — Государственного музея изобразительных искусств им. А.С. Пушкина (ГМИИ). Прочитайте статью из газеты. Закончите предложения, данные после текста, выберите правильный вариант. ☞

ДЕТИЩЕ ИВАНА ЦВЕТАЕВА

Сто лет назад музей именовался Музеем изящных искусств имени Александра III при Московском университете. С инициативой его создания выступил доктор римской словесности и историк искусства, профессор Иван Цветаев, ставший первым директором нового музея.

Поначалу он задумывался как учебный музей слепков со скульптур античного времени и эпохи Ренессанса. Некоторые до сих пор экспонируются в Пушкинском, другие составили ядро экспозиции университетского музея Российского государственного гуманитарного университета (РГГУ).

Основную сумму на строительство — более 2 млн руб. — пожертвовал владелец Гусевского стекольного завода Юрий Нечаев-Мальцев. Это была большая часть его состояния, составлявшего 2,6 млн руб. На деньги мецената привезли цветной мрамор из Венгрии, морозоустойчивый мрамор с Урала, доставили на баржах из Норвегии по морю и рекам десятиметровые колонны.

Под здание музея отвели участок царского Колымажного двора, где в XVIII веке архитектор Матвей Казаков построил деревянный дворец Екатерины II (императрица прожила в нём всего год), а в XIX веке размещалась пересыльная тюрьма. Конкурс выиграл архитектор Роман Клейн. Инженер Владимир Шухов оснастил залы светопрозрачными перекрытиями из железного каркаса и стекла.

На церемонии открытия музея присутствовал император Николай II. Коллекцию кроме слепков составили купленные Думой египетские древности собирателя Владимира Голенищева.

После революции новая власть реорганизовала музей. В него вошли произведения искусства из Румянцевского музея, из Эрмитажа, национализированные коллекции Дмитрия Щукина и Генриха Брокара. А в 1948 году добавилось собрание расформированного Музея нового западного искусства, открытого в 1923 году на основе бывших коллекций Ивана Морозова и Сергея Щукина…

В годы войны коллекцию Пушкинского эвакуировали в Сибирь. Здание, сотрясавшееся от близких бомбёжек, пострадало: разрушились стеклянные перекрытия. Ирина Антонова, пришедшая работать в музей в 1945 году, помнит, как она вместе с другими сотрудниками выгребала лопатами снег из залов и с парадной лестницы. И до начала 60-х то и дело поднималась с ведром и тряпкой вытирать протечки, угрожавшие сохранности произведений искусства. Лишь спустя несколько десятилетий после войны министр культуры Фурцева по указанию премьера Косыгина распорядилась отремонтировать стеклянные плафоны.

Сразу после войны, в 1946 году, Пушкинский был открыт для широкого зрителя. В музее также образовался склад вернувшихся из эвакуации экспонатов, вывезенных из Германии трофейных ценностей и подарков генералиссимусу. Сокровища Дрезденской галереи, включая «Сикстинскую мадонну» Рафаэля, много лет хранившиеся в ГМИИ, были возвращены ГДР в конце 50-ых. Другие трофеи до сих пор хранятся в Москве. Речь идёт о древних находках Генриха Шлимана, условно именуемых кладом троянского царя Приама (хотя эти памятники на тысячу лет старше).

В последние годы музей расширяется. Ему передали соседние особняки. В проекте предполагают соединить все здания музейного городка подземными переходами. И у музея появится шанс превратиться в один из крупнейших в мире музейных комплексов.

Савелий Кашницкий
(По материалам газеты «Аргументы и факты»)

1. В начале XX века в России появился музей … .
    а) слепков античных скульптур
    б) имени Александра III
    в) имени А.С. Пушкина

2. Идею создания нового музея выдвинул … .
    а) архитектор Казаков
    б) меценат Нечаев-Мальцев
    в) профессор Цветаев

3. После революции коллекция музея … .
    а) существенно увеличилась
    б) осталась неизменной
    в) сократилась в несколько раз

4. Во время Великой Отечественной войны … .
    а) многие экспонаты не сохранились
    б) музей не пострадал
    в) коллекция была вывезена

5. В середине XX века ГМИИ … .
    а) вернул все военные трофеи
    б) передал ГДР картину Рафаэля
    в) приобрёл сокровища Трои

6. В настоящее время копии скульптур эпохи Возрождения … .
    а) находятся в фондах Эрмитажа
    б) представлены в Румянцевском музее
    в) хранятся в музее РГГУ

7. В планах развития музея — … .
    а) освоение новых территорий
    б) строительство нового здания
    в) реконструкция музейного комплекса

8. Информация в тексте представлена с позиции… .
    а) журналиста
    б) искусствоведа
    в) художника

Активизация языковых и речевых навыков

Задание 1. **Приведите синонимы / антонимы следующих слов и выражений:** ⚷

словесность, сокровище, состояние, именоваться, национализировать, пожертвовать (деньги), расформировать; изящные искусства; парадная лестница

Задание 2. **Приведите русские эквиваленты интернациональных слов:** ⚷

архитектор, инициатива, коллекция, Ренессанс, церемония, шанс, реорганизовать, эвакуировать; музейный комплекс

Задание 3. **Укажите, из каких слов образованы следующие сложные слова:** ☞

десятиметровый, морозоустойчивый, светопрозрачный

Задание 4. **Найдите однокоренные слова:** ☞

1. бомбёжка
2. перекрытие
3. протечка
4. доставить
5. слепок
6. размещаться
7. распорядиться
8. сотрясаться

а. течь
б. тряска
в. порядок
г. поместиться
д. бомбить
е. открытие
ж. лепить
з. доставка

Задание 5. **Образуйте аббревиатуры следующих словосочетаний:** ☞

Германская Демократическая Республика, Государственный музей изобразительных искусств, Российский государственный гуманитарный университет

Задание 6. **а) Объясните разницу в значении следующих слов:**

древности — антиквариат — ценности — трофеи;
античность — древность;
меценат — спонсор — инвестор;
баржа — паром — лодка — яхта — теплоход — корабль — танкер;
постройка — особняк — усадьба — дворец — имение

б) Составьте предложения с этими словами.

Задание 7. **Передайте смысл данных предложений и микротекстов другими словами.**

1. Сразу после войны, в 1946 году, Пушкинский был открыт для широкого зрителя.

2. Некоторые слепки до сих пор экспонируются в Пушкинском, другие составили ядро экспозиции университетского музея РГГУ.

3. Под здание музея отвели участок царского Колымажного двора, где в XVIII веке архитектор Матвей Казаков построил деревянный дворец Екатерины II.

4. Инженер Владимир Шухов оснастил залы светопрозрачными перекрытиями из железного каркаса и стекла.

5. Лишь спустя несколько десятилетий после войны министр культуры Фурцева по указанию премьера Косыгина распорядилась отремонтировать стеклянные плафоны.

6. Ирина Антонова, пришедшая работать в музей в 1945 году, помнит, как она вместе с другими сотрудниками выгребала лопатами снег из залов и с парадной лестницы. И до начала 60-х то и дело поднималась с ведром и тряпкой вытирать протечки, угрожавшие сохранности произведений искусства.

Задание 8. **Принято считать, что музей — хранилище культурных ценностей. Примите участие в беседе на тему «Каким должен быть современный музей — классическим или интерактивным?».**

Ваша задача:
— **высказать своё мнение, уточнить и обосновать его;**
— **согласиться или опровергнуть мнение собеседника, привести свои аргументы;**
— **привести примеры классических и современных музеев;**
— **привести сравнение (например, сравните музеи разных стран; государственные музеи и частные коллекции);**
— **выразить оценочное осуждение (например, какой музей создали бы вы, если бы у вас появилась такая возможность).**

*ТРКИ-2/ Говорение, задание 15.

М.Н. Макова, О.А. Ускова. В мире людей. Выпуск 3. Часть 1. Чтение. Говорение

33

ТЕКСТ 1.5.2

Объём текста: 394 слова.
Время выполнения задания: 15 мин.

Задание В московском Кремле хранится легендарный алмаз «Шах». Прочитайте заметку с сайта. Закончите предложения, данные после текста, выберите правильный вариант. ☞

ПЛАТА ЗА ПРОЛИТУЮ КРОВЬ

В Алмазном фонде России хранится продолговатый алмаз с тремя гравировками на персидском языке. Это овеянный легендами алмаз «Шах», который получил в подарок Николай I. Считается, что персидский шах преподнёс его российскому императору в качестве компенсации за смерть посла России Александра Грибоедова, растерзанного в 1829 году в Тегеране толпой фанатиков во время религиозных беспорядков. Якобы, получив в подарок этот алмаз, российский император был настолько впечатлён красотой камня, что произнёс: «Я предаю вечному забвению злополучное тегеранское происшествие».

— Это не более чем красивая легенда, — улыбается Иван Долгих. — Алмаз «Шах» в Петербург действительно привёз наследник персидского престола Хосрев-мирза вскоре после того, как был убит Грибоедов. Но один из самых дорогих алмазов шахской сокровищницы он преподнёс Николаю I вовсе не в качестве платы за смерть посла. Решение о его передаче было принято ещё до того, как произошли беспорядки, в которых погиб Грибоедов и все сотрудники российского посольства. Этот алмаз был частью контрибуции, которую Персия должна была выплатить России после поражения в войне. Иран вынужден был заключить Туркманчайский договор, по которому русская корона должна была получить десять куруров, то есть 20 млн рублей серебром. Часть этой суммы погашалась стоимостью алмаза «Шах».

Однако многие верят, что лучше бы этот алмаз, найденный в Индии в XVI веке, никогда не попадал в Россию.

— В индийской Голконде, где он был найден, сочли, что жёлтый цвет камня предвещает беду — такой алмаз, напоминающий глаз тигра, всегда будет просить крови,

как дикий зверь. И действительно, этот камень долгое время переходил из рук в руки, принося своим новым владельцам одни несчастья, — говорит Иван Долгих. — Одним из них был шах Джихан, построивший в память об умершей жене мавзолей Тадж-Махал. Потом он мог любоваться своим творением из окна тюрьмы в Агре, куда его заключили собственные сыновья, пока один из них не приказал его задушить. А Хосреву-мирзе, который привёз камень в Россию, выкололи глаза во время борьбы за престол. Остаток дней он провёл калекой, не видя солнечного света.

В России «глаз тигра» продолжил свой кровавый путь. Существует легенда, что однажды «царь-освободитель» Александр II прочитал «Горе от ума» и захотел увидеть алмаз, которым заплатили за кровь автора пьесы. Через несколько дней после того, как он взял его в руки, император погиб от брошенной террористами бомбы. А Николай II очень любил любоваться игрой света на гранях алмаза… Конечно, все это истории из области легенд, которые всегда окружают знаменитые драгоценности, но кто знает, нет ли в них малой толи́ки правды.

(По материалам сайта «Русская планета»)

1. Знаменитый алмаз появился в Кремле после … .
   а) гибели российского посла
   б) религиозного мятежа в России
   в) смерти персидского шаха

2. Николай I рассматривал алмаз как … .
   а) компенсацию за смерть Грибоедова
   б) составную часть контрибуции
   в) благодарность персидского шаха

3. Эта история произошла во время, когда … .
   а) Персия воевала с Россией
   б) заключили мирный договор
   в) наступило перемирие

4. Известно, что алмаз «Шах» был добыт … .
   а) в Персии
   б) в Иране
   в) в Индии

5. Широко распространено мнение, что алмаз … .
   а) всегда хранился в Алмазном фонде
   б) приносит несчастье владельцу
   в) вызывает катастрофы

6. Хосрев-мирза ослеп в результате … .
   а) борьбы за власть
   б) горя после смерти жены
   в) обладания алмазом

7. Красота камня вызывала восхищение… .
   а) Николая I
   б) Николая II
   в) Александра II

8. Рассказывая истории об алмазе «Шах», автор … .
   а) утверждает, что всё это правда
   б) признаёт, что всё было выдумано
   в) допускает, что кое-что соответствует реальности

Активизация языковых и речевых навыков

Задание 1. **Приведите синонимы / антонимы следующих слов и выражений:** ⊶

алмаз, беспорядки, калека, поражение, злополучный, предвещать, впечатлён, якобы; предать забвению

Задание 2. **Приведите русские эквиваленты интернациональных слов:** ⊶

гравировка, компенсация / контрибуция, мавзолей, террорист

М.Н. Макова, О.А. Ускова. В мире людей. Выпуск 3. Часть 1. Чтение. Говорение

35

Задание 3. **Найдите однокоренные слова:** 🔑—

1. забвение	а. терзать
2. престол	б. носить
3. сокровищница	в. ключ
4. задушить	г. сокровище
5. заключить	д. душно
6. предвещать	е. столица
7. преподнести	ж. забыть
8. растерзанный	з. весть

Задание 4. **а) Объясните разницу в значении следующих слов и словосочетаний:**

правитель — царь — король — император — шах;

поклонник — фанат — фанатик;

хулиган — бандит — террорист;

кровавый — кровный;

из рук в руки — рука об руку — рука в руке;

сделать в память — подарить на память

б) Составьте предложения с этими словами.

Задание 5. **Передайте смысл данных предложений и микротекстов другими словами.**

1. Это овеянный легендами алмаз «Шах», который получил в подарок Николай I.

2. Остаток дней он провёл калекой, не видя солнечного света.

3. Но один из самых дорогих алмазов шахской сокровищницы наследник персидского престола преподнёс Николаю I вовсе не в качестве платы за смерть посла.

4. Конечно, всё это истории из области легенд, которые всегда окружают знаменитые драгоценности, но кто знает, нет ли в них малой толики правды.

5. В индийской Голконде, где он был найден, сочли, что жёлтый цвет камня предвещает беду: такой алмаз, напоминающий глаз тигра, всегда будет просить крови, как дикий зверь. И действительно, этот камень долгое время переходил из рук в руки, принося своим новым владельцам одни несчастья.

6. Якобы, получив в подарок этот алмаз, российский император был настолько впечатлён красотой камня, что произнёс: «Я предаю вечному забвению злополучное тегеранское происшествие».

Задание 6. **Многие произведения мирового искусства стали национальным достоянием благодаря связи с какими-то культурно-историческими событиями. Примите участие в беседе на тему «Культурные ценности — это народное достояние или финансовый актив государства?».**

Ваша задача:

— **высказать своё мнение, уточнить и обосновать его;**

— **согласиться или опровергнуть прозвучавшие мнения, привести свои аргументы;**

— **привести примеры (например, расскажите историю известных вам культурных ценностей, таких как алмаз «Шах»);**

— **привести сравнение (например, найдите информацию об истории коллекций Эрмитажа и Третьяковской галереи, сравните разные мотивы собирателей этих коллекций);**

— **выразить оценочное осуждение.**

*ТРКИ-2/ Говорение, задание 15.

36

М.Н. Макова, О.А. Ускова. В мире людей. Выпуск 3. Часть 1. Чтение. Говорение

КЛЮЧИ

Текст 1.1.1

ТЕСТ. 1. в. 2. в. 3. а. 4. а. 5. в. 6. б. 7. а. 8. б

Задание 2. **лавка** *Синоним:* магазин; **отец (телевидения)** *Синонимы:* создатель / изобретатель; **изобрести** *Синонимы:* открыть / создать; **брать (город)** *Синоним:* захватить (город) *Антоним:* сдать (город); **быть в плачевном состоянии** *Синоним:* быть в очень плохом состоянии *Антоним:* быть в отличном состоянии; **копить силы** *Синонимы:* собираться с силами / собирать войска *Антонимы:* тратить силы / распускать войско

Задание 3. вода / проводить; земля / делать; угодный богу; исторический / художественный; создать первым.

Задание 4. собиратель; восстановление; часть / отрывок; выставка; предмет / объект (на выставке)

Задание 5. 1. б. 2. д. 3. а. 4. е. 5. в. 6. и. 7. ж. 8. з. 9. г

Текст 1.1.2

ТЕСТ. 1. а. 2. а. 3. б. 4. в. 5. б. 6. б. 7. а. 8. в.

Задание 2. **варварство** *Антоним:* цивилизованность; **заповедник** *Синоним:* охраняемая природная зона; **зарождение** *Синоним:* появление *Антонимы:* исчезновение / отмирание; **старатель** *Синоним:* золотоискатель; **тайга** *Синоним:* лес; **покорить** *Синонимы:* взойти / подняться на вершину / совершить восхождение *Антонимы:* спуститься / совершить спуск; **забавно** *Синоним:* примечательно *Антоним:* заурядно; **поставить рекорд** *Синоним:* установить рекорд; **утратить интерес** *Синонимы:* перестать / прекратить интересоваться *Антоним:* заинтересоваться

Задание 3. скалолаз, особенное явление; неповторимый; обычный / обыкновенный

Задание 4. губернский исполнительный комитет, ломать камни, скала / лазать

Задание 5. 1. ж. 2. е. 3. з. 4. в. 5. б. 6. г. 7. д. 8. а

Текст 1.2.1

ТЕСТ. 1. в. 2. б. 3. в. 4. а. 5. б. 6. а. 7. а. 8. б

Задание 2. **окраина** *Антоним:* центр; **спрос** *Антоним:* предложение; **токсичный** *Синоним:* ядовитый *Антоним:* безвредный; **производить** *Синоним:* выпускать; **как угодно** *Синонимы:* как хочешь / в произвольном порядке *Антонимы:* в определённом / строгом порядке; **уголок (страны)** *Синонимы:* определённое / конкретное место *Антоним:* любое место

Задание 3. виды (продукции, товара); чернокожий; сверх / модный; пробовать

Задание 4. иная страна; пластик / масса; наполовину / подвал; рука / водить; чёрная кожа; четыре этажа

Задание 5. 1. г. 2. ж. 3. е. 4. в. 5. з. 6. д. 7. а. 8. б

Текст 1.2.2

ТЕСТ. 1. в. 2. а. 3. а. 4. в. 5. в. 6. б. 7. в. 8. а

Задание 2. **вступить в схватку** *Синоним:* начать борьбу *Антоним:* сдаться без боя; **приниматься за работу** *Синоним:* начинать работать *Антоним:* заканчивать работать; **появиться на свет** *Синоним:* родиться *Антонимы:* исчезнуть / умереть

Задание 3. тюрк / язык; резать камни; место / рождение

Задание 4. 1. д. 2. е. 3. а. 4. ж. 5. з. 6. в. 7. б. 8. г

М.Н. Макова, О.А. Ускова. В мире людей. Выпуск 3. Часть 1. Чтение. Говорение

37

Текст 1.3.1

ТЕСТ. 1. б. 2. б. 3. б. 4. а. 5. а. 6. а. 7. б. 8. в

Задание 1. **бомж** *Синоним:* бездомный *Антоним:* жилец; **глава** *Синоним:* руководитель *Антоним:* подчинённый; **отсутствие** *Антоним:* наличие; **привилегия** *Синоним:* преимущество *Антоним:* на общих основаниях; **пристрастие** *Синоним:* зависимость *Антоним:* неприятие; **вырваться** *Синоним:* освободиться *Антоним:* попасть; **освоить** *Синоним:* овладеть; **предоставлять** *Синоним:* давать *Антоним:* лишать

Задание 2. плотник; сварщик; слесарь; лифтёр

Задание 3. приспособление, свободное рабочее место, запись

Задание 4. заместитель главы (администрации), профессиональная подготовка, социальная защита, социальный работник, социологический опрос, благо / творить; труд / устроить; (человек) без определённого места жительства; жилищно-коммунальное хозяйство

Задание 5. 1. г. 2. д. 3. в. 4. ж. 5. б. 6. е. 7. а

Текст 1.3.2

ТЕСТ. 1. б. 2. а. 3. а. 4. в. 5. б. 6. а. 7. б. 8. в

Задание 1. **дерзость** *Синонимы:* смелость / храбрость *Антоним:* трусость; **заводила** *Синоним:* инициатор *Антонимы:* ведомый / тихоня; **нрав** *Синонимы:* характер / натура; **уныние** *Синонимы:* печаль / грусть / меланхолия *Антоним:* веселье; **выдающийся** *Синоним:* неординарный *Антоним:* обычный; **задорный** *Синоним:* весёлый *Антонимы:* грустный / сдержанный; **подобный** *Синоним:* похожий *Антонимы:* не такой / другой; **щедрый** *Синоним:* добрый *Антонимы:* скупой / жадный; **ощущать** *Синоним:* чувствовать; **обожать** *Синоним:* очень сильно любить *Антоним:* ненавидеть; **заядлый спортсмен** *Синоним:* страстный; **мятежная юность** *Синонимы:* неспокойная / бурная *Антонимы:* спокойная / тихая старость; **хрупкая девушка** *Синонимы:* тоненькая / худенькая *Антонимы:* крепкая / полная / толстая

Задание 2. автомобильный завод, выражать себя, складывать стихи, ясные очи

Задание 3. спартанский, совершенно, ум, пиджак (военная форма), вызывающий, случай

Задание 4. 1. в. 2. е. 3. д. 4. а. 5. ж. 6. б. 7. е. 8. г

Текст 1.4.1

ТЕСТ. 1. в. 2. а. 3. б. 4. в. 5. б. 6. а. 7. а. 8. в

Задание 1. **завершение** *Синоним:* окончание *Антоним:* начало; **военный** *Синоним:* армейский *Антоним:* гражданский; **прикладная (наука)** *Антоним:* фундаментальная; **получить справку** *Синоним:* взять *Антоним:* отдать; **справка** *Синоним:* документ

Задание 2. изобретатель, знаток, набросок

Задание 3. ракета / строить; машина / строить; тепло / техника; одно / значение; высокий / класс; механика / машина / строить; между / континент; после / война; радио / техника; взаимно / действовать

Задание 4. 1. ж. 2. д. 3. е. 4. з. 5. а. 6. б. 7. г. 8. в

Текст 1.4.2

ТЕСТ. 1. а. 2. а. 3. в. 4. в. 5. б. 6. в. 7. б. 8. в.

Задание 1. **датчик** *Синоним:* показатель; **донор** *Антоним:* реципиент; **исследователь** *Синоним:* учёный; **отверстие** *Синоним:* дыра; **пересадка** *Синоним:* трансплантация; **прочный** *Синоним:* крепкий *Антоним:* хрупкий; **выдающийся** *Синоним:* значительный *Антоним:* рядовой

Задание 2. литература, зараза, тара, преобразование, показатель, лекарство, костюм, постоянство / неизменность, очищение, воодушевление, отделённый, наилучший, опытный

Задание 3. две головы, кровь / снабжение, жизнь / способность, добрый / воля, иммунитет / депрессивный

Задание 4. 1. ж. 2. з. 3. д. 4. б. 5. е. 6. г. 7. в. 8. а

Текст 1.5.1

ТЕСТ. 1. б. 2. в. 3. а. 4. в. 5. б. 6. в. 7. в. 8. а

Задание 1. **словесность** *Синоним:* филология; **сокровище** *Синоним:* богатство; **состояние** *Синоним:* капитал; **именоваться** *Синоним:* называться; **национализировать** *Антоним:* приватизировать; **пожертвовать (деньги)** *Синоним:* подарить; **расформировать** *Синоним:* распустить *Антоним:* организовать; **изящные искусства** *Синоним:* живопись и скульптура; **парадная лестница** *Антоним:* чёрный ход

Задание 2. зодчий, предложение, собрание, возрождение, мероприятие, возможность, перестроить, перевезти; музейный городок

Задание 3. десять / метр; мороз / устойчивый; свет / прозрачный

Задание 4. 1. д. 2. е. 3. а. 4. з. 5. ж. 6. г. 7. в. 8. б

Задание 5. ГДР, ГМИИ, РГГУ

Текст 1.5.2

ТЕСТ. 1. а. 2. б. 3. б. 4. в. 5. б. 6. а. 7. б. 8. в

Задание 1. **алмаз** *Синоним:* бриллиант; **беспорядки** *Синоним:* мятеж; **калека** *Синоним:* инвалид *Антоним:* здоровый; **поражение** *Антоним:* победа; **злополучный** *Синоним:* несчастный; **предвещать** *Синоним:* предсказывать; **впечатлён** *Синоним:* очарован *Антоним:* равнодушен; **якобы** *Синоним:* будто бы *Антоним:* действительно; **предать забвению** *Синоним:* забыть навсегда *Антоним:* хранить в памяти народной

Задание 2. надпись, возмещение, усыпальница, убийца

Задание 3. 1. ж. 2. е. 3. г. 4. д. 5. в. 6. з. 7. б. 8. а

ЛЕКСИКО-ГРАММАТИЧЕСКИЙ ТЕСТ ⚷

ЧАСТЬ 1

В заданиях 1–28 выберите правильный вариант ответа и отметьте его в рабочей матрице.

1. Такой женщина становится из-за … к самовыражению.	(А) мечты (Б) желания (В) стремления (Г) чувства
2. На … такого изделия уходит 3–4 месяца работы.	(А) готовку (Б) подготовку (В) изготовление (Г) приготовление
3. Бармин умел найти … к подчинённым.	(А) вход (Б) заход (В) приход (Г) подход
4. Успешные операции по пересадке головы до сих пор считаются … беллетристики.	(А) состоянием (Б) наследством (В) достоянием (Г) наследием
5. Демихов доказал, что … жизни в отделённых от тела головах возможно.	(А) хранение (Б) сохранность (В) сохранение (Г) охрана
6. В нашей стране сформировалось сообщество … Владимира Петровича Демихова.	(А) следователей (Б) последователей (В) преследователей (Г) наследователей
7. В Москве могут появиться плотники, лифтёры и слесари … судьбы.	(А) трудной (Б) трудовой (В) затруднённой (Г) затруднительной
8. В … время в Москве заработают курсы для бездомных.	(А) ближайшее (Б) ближнее (В) близкое (Г) приближенное
9. В Туве живёт … в мире тюркоязычный народ, исповедующий буддизм.	(А) необычный (Б) единственный (В) оригинальный (Г) уникальный

40

М.Н. Макова, О.А. Ускова. В мире людей. Выпуск 3. Часть 1. Чтение. Говорение

10. За свои богатые коллекции музей получил … название «Малый Эрмитаж».	(А) уважаемое (Б) уважительное (В) уважающее (Г) уважавшее
11. … интерес посетителей вызывает фрагмент крестьянской избы.	(А) Неменяющийся (Б) Неизменяемый (В) Неизменчивый (Г) Неизменный
12. Несколько лет назад старинные храмы Мурома были … состоянии.	(А) в плачущем (Б) в плачевном (В) в плаксивом (Г) в заплаканном
13. Выход заключается не в … помощи государства, а в возможности самому заработать на достойную жизнь.	(А) благотворной (Б) благодарной (В) благотворительной (Г) благоразумной
14. Этот солнечный камень … в горах на западе республики.	(А) получают (Б) берут (В) приобретают (Г) добывают
15. К концу XIX века эти горы начали … уже не десятки, а сотни скалолазов-любителей.	(А) побеждать (Б) захватывать (В) покорять (Г) занимать
16. Эти куклы … кукол нашего детства.	(А) вспоминают (Б) напоминают (В) запоминают (Г) припоминают
17. Человек не может … на хорошую работу.	(А) перестроиться (Б) настроиться (В) устроиться (Г) построиться
18. В тяжёлые 1990-е годы нашей фабрике чудом удалось … .	(А) прожить (Б) пережить (В) ожить (Г) выжить
19. Сейчас мы … новые модели кукол.	(А) разрабатываем (Б) перерабатываем (В) зарабатываем (Г) подрабатываем
20. Мэрия … считать эту территорию заповедником местного значения.	(А) установила (Б) поставила (В) постановила (Г) заставила

21. Коллекцию музея ... купленные Думой египетские древности.	(А) восстановили (Б) составили (В) представили (Г) доставили
22. Удивительная красота этого места... тысячи желающих полюбоваться природным феноменом.	(А) завлекает (Б) навлекает (В) увлекает (Г) привлекает
23. Данные эксперименты ... к реальности то, что сегодня кажется фантастическим.	(А) приведут (Б) подведут (В) приблизят (Г) подойдут
24. Их скользкая обувь никак не ... для подъёма на вершины.	(А) подходила (Б) входила (В) носила (Г) шла
25. Бармин не ... нечёткости и неаккуратности.	(А) таскал (Б) выносил (В) водил (Г) принёс
26. Женщина с гордостью ... звание инженера-подполковника танковых войск.	(А) катит (Б) носит (В) тащит (Г) носится
27. Бармин пришёл в ракетостроение относительно ... — лишь в годы войны.	(А) рано (Б) поздно (В) долго (Г) давно
28. Курсы помогут тем, кто ... хочет работать, а не попрошайничать.	(А) крайне (Б) действительно (В) сильно (Г) в реальности

42

М.Н. Макова, О.А. Ускова. В мире людей. Выпуск 3. Часть 1. Чтение. Говорение

ЧАСТЬ 2

В заданиях 29–45 выберите правильный вариант ответа и отметьте его в рабочей матрице.

29. Так … первый альпинистский рекорд в России.	(А) был поставлен (Б) был поставленный (В) поставил (Г) ставился
30. Мой день чётко … .	(А) перепланировали (Б) спланирован (В) запланированный (Г) планирует
31. Современная научно-техническая база гораздо более … и позволяет продолжить начатые учёным эксперименты.	(А) совершенна (Б) совершенная (В) совершившая (Г) совершает
32. Эта женщина относится к тем, кто и в старости … уныния.	(А) лишён (Б) лишённый (В) лишена (Г) лишённая
33. Вопросы жилья и трудоустройства нужно … комплексно.	(А) решать (Б) решить
34. Кто бы мог …, что через столько лет я сам буду руководить этой фабрикой!	(А) думать (Б) подумать
35. Стоило только … провести хоть одну линию, как стало понятно, что вся эта лёгкость обманчива.	(А) пробовать (Б) попробовать
36. Историю российской школы скалолазания принято … с 1851 года.	(А) отсчитывать (Б) отсчитать
37. В проекте предполагается … все здания музея подземными переходами.	(А) соединять (Б) соединить
38. Без определённого места жительства не получается … на работу.	(А) устраиваться (Б) устроиться
39. Эти курсы помогают … к нормальной жизни тем, кто действительно хочет работать.	(А) возвращаться (Б) вернуться
40. У музея появится шанс … в один из крупнейших в мире музейных комплексов.	(А) превращаться (Б) превратиться
41. У меня такая интересная работа, что даже … не хочется.	(А) уходить (Б) уйти
42. В заповедник … около 4 тысяч гектаров земли.	(А) входит (Б) войдут (В) вошло
43. Теперь река обмелела. Вот и … до Мурома любители старины кто на чём может.	(А) доберутся (Б) добирались (В) добираются (Г) добрались

М.Н. Макова, О.А. Ускова. В мире людей. Выпуск 3. Часть 1. Чтение. Говорение

43

44. Не …, что несколько лет назад здесь были одни развалины.	(А) верила бы (Б) верил бы (В) вериться (Г) верится
45. Такие женщины известны давно — … то Клеопатра или русская императрица Екатерина.	(А) будьте (Б) будь (В) были (Г) будут

ЧАСТЬ 3

В заданиях 46–67 выберите правильный вариант ответа и отметьте его в рабочей матрице.

46. Несколько лет назад Юрий Байбородин пришёл на родную фабрику … .	(А) директор (Б) директора (В) для директора (Г) директором
47. Давайте я вам что-нибудь … сделаю.	(А) на памяти (Б) с памятью (В) на память (Г) без памяти
48. Относиться к этому материалу нужно … .	(А) без уважения (Б) с уважением (В) из уважения (Г)) от уважения
49. Алмаз «Шах» Николай I получил … .	(А) в подарок (Б) в подарке (В) с подарком (Г) для подарка
50. … создания музея выступил профессор Цветаев.	(А) При инициативе (Б) С инициативой (В) По инициативе (Г) Для инициативы
51. Спрос … нашей фабрики довольно высокий.	(А) на продукцию (Б) с продукции (В) о продукции (Г) через продукцию
52. Конечно, всё это истории … легенд.	(А) области (Б) в области (В) от области (Г) из области
53. Успешные операции … головы до сих пор считаются достоянием беллетристики.	(А) для пересадки (Б) с пересадкой (В) по пересадке (Г) при пересадке

44

М.Н. Макова, О.А. Ускова. В мире людей. Выпуск 3. Часть 1. Чтение. Говорение

54. Руководитель группы всегда умел найти подход … .	(А) подчинённых (Б) с подчинёнными (В) для подчинённых (Г) к подчинённым
55. … дети с учителем поднялись на вершину.	(А) Во время торжественной обстановки (Б) При торжественной обстановке (В) В торжественной обстановке (Г) К торжественной обстановке
56. Сложный экспериментальный период должен предшествовать … метода.	(А) клиническому применению (Б) к клиническому применению (В) для клинического применения (Г) с клиническим применением
57. Многие не знают, как вырваться … .	(А) порочный круг (Б) в порочный круг (В) из порочного круга (Г) в порочном кругу
58. Такой ответ делает … честь.	(А) вам (Б) вас (В) у вас (Г) с вами
59. Конструктор прекрасно справился … .	(А) свою задачу (Б) для своей задачи (В) на своей задаче (Г) со своей задачей
60. Природа почти не пострадала … .	(А) при их деятельности (Б) от их деятельности (В) в их деятельности (Г) с их деятельностью
61. … наши куклы отличаются от дешёвых иностранных.	(А) Этим (Б) С этим (В) От этого (Г) Для этого
62. … ценятся уникальные шахматы, выполненные этими мастерами.	(А) Весь мир (Б) Всем миром (В) Во всём мире (Г) У всего мира
63. Группе поручили самое ответственное задание — … стартовых комплексов для ракет.	(А) создания (Б) к созданию (В) создание (Г) создать
64. Особенно важна была способность конструктора … с работниками разных отделов.	(А) взаимодействовать (Б) взаимодействия (В) взаимодействовал (Г) по взаимодействию

М.Н. Макова, О.А. Ускова. В мире людей. Выпуск 3. Часть 1. Чтение. Говорение

45

65. Люди остались без жилья … разных обстоятельств.	(А) в силу (Б) для силы (В) с силой (Г) от силы
66. В 30–40-е годы позапрошлого века в этом районе не … разбушевалась золотая лихорадка.	(А) на шутку (Б) в шутку (В) с шуткой (Г) ради шутки
67. Этот камень долгое время переходил … .	(А) рука об руку (Б) рука в руке (В) с рук на руки (Г) из рук в руки

ЧАСТЬ 4

В заданиях 68–74 выберите правильный вариант ответа и отметьте его в рабочей матрице.

68. Основу коллекции составили … Думой египетские древности.	(А) покупающие (Б) купившие (В) покупаемые (Г) купленные
69. Модификация этого метода, … учёными, была направлена на спасение человеческой личности.	(А) предлагаемая (Б) предложенная (В) предлагавшая (Г) предлагающая
70. В 1851 году было совершено первое восхождение на … до этого неприступными скалы.	(А) считающие (Б) считаемые (В) считавшиеся (Г) посчитанные
71. Были … первые меры по сохранению этой территории.	(А) предпринятые (Б) предприняты (В) предпринимаемы (Г) предпринимающие
72. Все российские газеты сообщили — … самая высокая гора.	(А) покорена (Б) покорённая (В) покорившая (Г) покоряемая
73. … справку об успешном завершении учёбы, Бармин поступил на московский завод.	(А) Получая (Б) Получающий (В) Получив (Г) Полученный
74. Сокровища галереи, … картины Рафаэля, были возвращены в Германию.	(А) включив (Б) включая (В) включающая (Г) включившая

46

М.Н. Макова, О.А. Ускова. В мире людей. Выпуск 3. Часть 1. Чтение. Говорение

В заданиях 75–82 установите синонимические соответствия между выделенными конструкциями и вариантами ответа. Отметьте свой выбор в рабочей матрице.

75. Когда-то фабрика, **открытая** в 1942 году, занимала четыре этажа нашего здания.	(А) которая открывает (Б) которую открывают (В) которую открыли (Г) которая открыла
76. За свои богатые коллекции, **насчитывающие** 87 тысяч экспонатов, музей получил название «Малый Эрмитаж».	(А) которые насчитывали (Б) которые насчитывают (В) которые насчитали (Г) которые будут насчитывать
77. Вниманию гостей музея предлагается мужская и женская одежда, **сшитая** вручную.	(А) которую сшивали (Б) которая сшила (В) которую сшили (Г) которые сшивали
78. Дамы, не **уступающие** мужчинам интеллектом, известны в истории издревле.	(А) которые не уступили (Б) которые не уступают (В) которые не уступят (Г) которые не будут уступать
79. Прорыв в скалолазании красноярцы смогли совершить, лишь **поступившись** своими принципами.	(А) после того, как поступились (Б) из-за того, что поступились (В) при том, что поступил (Г) несмотря на то, что поступились
80. «Когда я был маленький, у нас с сестрой был игрушечный клоун», — **с улыбкой** вспоминает директор.	(А) улыбающийся (Б) улыбавшийся (В) улыбаясь (Г) улыбнувшись
81. Учёный **без обиды** принимал конструктивную критику, умел найти подход к подчинённым.	(А) не обижая (Б) не обижаясь (В) не обидевшись (Г) не обиженный
82. И везде опрятные газоны, клумбы — **в напоминание** о том, что раньше здесь были центры образцового земледелия.	(А) напоминая (Б) напомнив (В) чтобы напоминали (Г) чтобы напомнили

ЧАСТЬ 5

В заданиях 83–100 выберите правильный вариант ответа и отметьте его в рабочей матрице.

83. Вниманию гостей музея предлагается … мужская и женская одежда.	(А) тоже (Б) также (В) к тому же (Г) а ещё
84. Коллекция имеет высокую историческую и художественную ценность, … не столь велика.	(А) а (Б) но (В) да и (Г) хотя
85. Это пусть … временное, … всё же решение жилищного вопроса.	(А) да …, и … (Б) но …, и … (В) и …, но… (Г) не …, а…
86. Главное, что … тот, … другой материал не пахнет и абсолютно не токсичен.	(А) ни…, ни… (Б) не то…, не то… (В) то…, то… (Г) или …, или …
87. Нужно сделать всё возможное, … вернуть таких людей в общество.	(А) что (Б) чтобы (В) что бы (Г) хотя бы
88. Бездомных можно трудоустроить на те должности, … непопулярны среди местных жителей.	(А) какие (Б) такие (В) чьи (Г) которые
89. Они вырезают фигурки животных, …, как говорят легенды, никогда не показываются людям.	(А) которые (Б) о которых (В) какие (Г) каких
90. Не верится, что несколько лет назад старинные храмы, … знаменит Муром, были в ужасном состоянии.	(А) какими (Б) которыми (В) чьими (Г) чем
91. Среди них есть люди, … и хотели бы изменить жизнь, но не могут.	(А) кто (Б) какие (В) которые (Г) некоторые
92. Специальные курсы помогут вернуться к нормальной жизни тем, … действительно хочет работать.	(А) которые (Б) некоторые (В) какие (Г) кто

48

М.Н. Макова, О.А. Ускова. В мире людей. Выпуск 3. Часть 1. Чтение. Говорение

93. Так девушка-слесарь с московского автозавода, … устроилась Люда, постепенно превратилась в полковника танковых войск.	(А) где (Б) куда (В) в который (Г) на котором
94. Юноша поступил на механический факультет, … и защитил дипломную работу на тему «Пермский городской холодильник».	(А) куда (Б) в котором (В) на который (Г) где
95. Я знал его как специалиста, … интересы распространялись далеко за пределы технических областей.	(А) чей (Б) чьи (В) которого (Г) которые
96. С 1851 года принято отсчитывать историю российской школы скалолазания, … зарождение тесно связано с Красноярскими Столбами.	(А) чьё (Б) чьего (В) какое (Г) которое
97. … стартовый комплекс был связан с ракетой, здесь особенно была важна работа в команде.	(А) Поскольку (Б) Постольку (В) Настолько (Г) Потому что
98. Удивительная красота Столбов сразу … они были открыты, притягивала тысячи желающих полюбоваться природным феноменом.	(А) как только (Б) перед тем, как (В) после того, как (Г) пока
99. Людей можно устроить на непопулярные должности, … там дают жильё.	(А) хотя (Б) тем более (В) тем не менее (Г) ввиду того
100. У нас такая добрая, тёплая работа, … уходить отсюда не хочется.	(А) откуда (Б) от какой (В) когда (Г) что

М.Н. Макова, О.А. Ускова. В мире людей. Выпуск 3. Часть 1. Чтение. Говорение

49

РАБОЧАЯ МАТРИЦА

1	А	Б	В	Г
2	А	Б	В	Г
3	А	Б	В	Г
4	А	Б	В	Г
5	А	Б	В	Г
6	А	Б	В	Г
7	А	Б	В	Г
8	А	Б	В	Г
9	А	Б	В	Г
10	А	Б	В	Г
11	А	Б	В	Г
12	А	Б	В	Г
13	А	Б	В	Г
14	А	Б	В	Г
15	А	Б	В	Г
16	А	Б	В	Г
17	А	Б	В	Г
18	А	Б	В	Г
19	А	Б	В	Г
20	А	Б	В	Г
21	А	Б	В	Г
22	А	Б	В	Г
23	А	Б	В	Г
24	А	Б	В	Г
25	А	Б	В	Г

26	А	Б	В	Г
27	А	Б	В	Г
28	А	Б	В	Г
29	А	Б	В	Г
30	А	Б	В	Г
31	А	Б	В	Г
32	А	Б	В	Г
33	А	Б	В	Г
34	А	Б	В	Г
35	А	Б	В	Г
36	А	Б	В	Г
37	А	Б	В	Г
38	А	Б	В	Г
39	А	Б	В	Г
40	А	Б	В	Г
41	А	Б	В	Г
42	А	Б	В	Г
43	А	Б	В	Г
44	А	Б	В	Г
45	А	Б	В	Г
46	А	Б	В	Г
47	А	Б	В	Г
48	А	Б	В	Г
49	А	Б	В	Г
50	А	Б	В	Г

51	А	Б	В	Г
52	А	Б	В	Г
53	А	Б	В	Г
54	А	Б	В	Г
55	А	Б	В	Г
56	А	Б	В	Г
57	А	Б	В	Г
58	А	Б	В	Г
59	А	Б	В	Г
60	А	Б	В	Г
61	А	Б	В	Г
62	А	Б	В	Г
63	А	Б	В	Г
64	А	Б	В	Г
65	А	Б	В	Г
66	А	Б	В	Г
67	А	Б	В	Г
68	А	Б	В	Г
69	А	Б	В	Г
70	А	Б	В	Г
71	А	Б	В	Г
72	А	Б	В	Г
73	А	Б	В	Г
74	А	Б	В	Г
75	А	Б	В	Г

76	А	Б	В	Г
77	А	Б	В	Г
78	А	Б	В	Г
79	А	Б	В	Г
80	А	Б	В	Г
81	А	Б	В	Г
82	А	Б	В	Г
83	А	Б	В	Г
84	А	Б	В	Г
85	А	Б	В	Г
86	А	Б	В	Г
87	А	Б	В	Г
88	А	Б	В	Г
89	А	Б	В	Г
90	А	Б	В	Г
91	А	Б	В	Г
92	А	Б	В	Г
93	А	Б	В	Г
94	А	Б	В	Г
95	А	Б	В	Г
96	А	Б	В	Г
97	А	Б	В	Г
98	А	Б	В	Г
99	А	Б	В	Г
100	А	Б	В	Г

М.Н. Макова, О.А. Ускова. В мире людей. Выпуск 3. Часть 1. Чтение. Говорение

51

КОНТРОЛЬНАЯ МАТРИЦА

№	А	Б	В	Г		№	А	Б	В	Г
1	А	Б	**В**	Г		**26**	А	**Б**	В	Г
2	А	Б	**В**	Г		**27**	А	**Б**	В	Г
3	А	Б	В	**Г**		**28**	А	**Б**	В	Г
4	А	Б	**В**	Г		**29**	**А**	Б	В	Г
5	А	Б	**В**	Г		**30**	А	**Б**	В	Г
6	А	**Б**	В	Г		**31**	А	**Б**	В	Г
7	**А**	Б	В	Г		**32**	**А**	Б	В	Г
8	**А**	Б	В	Г		**33**	**А**	Б	В	Г
9	А	**Б**	В	Г		**34**	А	**Б**	В	Г
10	А	**Б**	В	Г		**35**	А	**Б**	В	Г
11	А	Б	В	**Г**		**36**	**А**	Б	В	Г
12	А	**Б**	В	Г		**37**	А	**Б**	В	Г
13	А	Б	**В**	Г		**38**	А	**Б**	В	Г
14	А	Б	В	**Г**		**39**	А	**Б**	В	Г
15	А	Б	**В**	Г		**40**	А	**Б**	В	Г
16	А	**Б**	В	Г		**41**	**А**	Б	В	Г
17	А	Б	**В**	Г		**42**	А	Б	**В**	Г
18	А	Б	В	**Г**		**43**	А	Б	**В**	Г
19	**А**	Б	В	Г		**44**	А	Б	В	**Г**
20	А	Б	**В**	Г		**45**	А	**Б**	В	Г
21	А	**Б**	В	Г		**46**	А	Б	В	**Г**
22	А	Б	В	**Г**		**47**	А	Б	**В**	Г
23	А	Б	**В**	Г		**48**	А	**Б**	В	Г
24	**А**	Б	В	Г		**49**	**А**	Б	В	Г
25	А	**Б**	В	Г		**50**	А	**Б**	В	Г

52

М.Н. Макова, О.А. Ускова. В мире людей. Выпуск 3. Часть 1. Чтение. Говорение

№	А	Б	В	Г		№	А	Б	В	Г
51	**А**	Б	В	Г		76	А	**Б**	В	Г
52	А	Б	В	**Г**		77	А	Б	**В**	Г
53	А	Б	**В**	Г		78	А	**Б**	В	Г
54	А	Б	В	**Г**		79	**А**	Б	В	Г
55	А	Б	**В**	Г		80	А	Б	**В**	Г
56	**А**	Б	В	Г		81	А	**Б**	В	Г
57	А	Б	**В**	Г		82	**А**	Б	В	Г
58	**А**	Б	В	Г		83	А	**Б**	В	Г
59	А	Б	В	**Г**		84	А	Б	В	**Г**
60	А	**Б**	В	Г		85	А	Б	**В**	Г
61	**А**	Б	В	Г		86	**А**	Б	В	Г
62	А	Б	**В**	Г		87	А	**Б**	В	Г
63	А	Б	**В**	Г		88	А	Б	В	**Г**
64	**А**	Б	В	Г		89	**А**	Б	В	Г
65	**А**	Б	В	Г		90	А	**Б**	В	Г
66	**А**	Б	В	Г		91	А	Б	**В**	Г
67	А	Б	В	**Г**		92	А	Б	В	**Г**
68	А	Б	В	**Г**		93	А	**Б**	В	Г
69	А	**Б**	В	Г		94	А	Б	В	**Г**
70	А	Б	**В**	Г		95	А	**Б**	В	Г
71	А	**Б**	В	Г		96	**А**	Б	В	Г
72	**А**	Б	В	Г		97	**А**	Б	В	Г
73	А	Б	**В**	Г		98	А	Б	**В**	Г
74	А	**Б**	В	Г		99	А	**Б**	В	Г
75	А	Б	**В**	Г		100	А	Б	В	**Г**

2 ПОИСКОВО-ПРОСМОТРОВОЕ ЧТЕНИЕ

ТЕКСТ 2.1.1

Объём текста: 319 слов.
Время выполнения задания: 15 мин.

Задание Как показывают соцопросы, идея переноса главного города России в Сибирь набирает популярность. Прочитайте статью с сайта. Закончите предложения, данные после текста, выберите правильный вариант. ☞

НОВАЯ РОССИЙСКАЯ СТОЛИЦА КАК НАЦИОНАЛЬНЫЙ ПРОЕКТ

Москву надо не расширять, а расселять. Такое мнение высказал на Красноярском экономическом форуме миллиардер, владелец компании «Русал» Олег Дерипаска. «Каждый раз, подлетая к Москве, я задумываюсь: что эти люди там делают? Какая нагрузка на нашу экономику?» — пояснил он свою мысль. Ранее, на форуме в Давосе, олигарх заявил, что российским властям стоит подумать о переносе столицы страны из Москвы в Сибирь, если они хотят успешно развивать этот регион. В качестве успешного примера такой тактики Дерипаска назвал Олимпиаду в Сочи. «Чтобы развивать юг России, было принято решение провести там Олимпиаду. <…> Страна напряглась, и на юге появился новый кластер», — цитировали СМИ его слова. <…>

Тема переноса столицы за последние 5–6 лет превратилась из достаточно экзотической в чуть ли не мейнстрим. Не так давно о чудовищном географическом перекосе страны заявил сенатор от Бурятии Арнольд Тулохонов. «Столица должна быть в середине, чтобы было удобно не чиновникам, а населению. Сегодня 75 % перевозок осуществляется через Москву, и, чтобы из Якутска попасть в Читу, приходится ехать через Москву», — посетовал сенатор. До него о необходимости переноса столицы на восток говорили, в частности, писатель и политик Эдуард Лимонов и нынешний министр обороны Сергей Шойгу. <…>

Южная Сибирь — от западной до восточной её части — как раз то, что надо. Очевидно, что город должен быть заложен где-то недалеко от Транссиба, этой нашей всероссийской жилы, дороги, связывающей страну

http://nia-spb.ru

от края до края. Рядом должна быть крупная река или другой водоём. Учёные предупреждают, что вода станет острейшей проблемой будущего. В связи с этим новую столицу, возможно, имеет смысл заложить недалеко от озера Байкал, крупнейшего на планете резервуара питьевой воды. <…>

Легко догадаться, что далеко не все чиновники готовы будут столь круто изменить свою жизнь и переехать на новое место работы. <…> И это хорошо. Появится шанс омолодить управляющий класс страны. <…> Богатство России Сибирью прирастать будет, был уверен Михайло Ломоносов. Должно прирастать. Россия даст Сибири столицу, а Сибирь России — динамику развития лет на двести вперёд.

(По материалам сайта «Русская планета»)

1. Вопрос о переносе столицы является… .
   а) часто обсуждаемым
   б) неактуальным
   в) экзотическим

2. Представитель крупного бизнеса предложил … .
   а) провести в Сибири Олимпиаду
   б) организовать экономическую зону в Сочи
   в) развивать сибирские регионы

3. Мнения писателя и министра обороны о местоположении столицы … .
   а) полностью совпадают
   б) прямо противоположны
   в) расходятся в деталях

4. С точки зрения сенатора, столица должна располагаться так, чтобы было удобно … .
   а) властям
   б) чиновникам
   в) населению

5. Учёные поднимают вопрос … .
   а) об экологии Байкала
   б) о дефиците питьевой воды
   в) о развитии Транссиба

6. Великий русский учёный М.В. Ломоносов … .
   а) отмечал необходимость завоевания Сибири
   б) продвигал идею освоения Сибири
   в) писал труды по демографии России

7. Автор текста акцентирует внимание на … .
   а) развитии сети железных дорог
   б) поддержке отдалённых регионов
   в) идее переноса столицы

Активизация языковых и речевых навыков

Задание 1. **Приведите синонимы / антонимы следующих слов и выражений:** ⚷

владелец, край, чудовищный, прирастать, сетовать, в частности

Задание 2. **Приведите русские эквиваленты интернациональных слов:** ⚷

динамика, мейнстрим, регион, резервуар, тактика, форум, шанс, экзотический

Задание 3. **Укажите, из каких слов образованы следующие сложные слова и аббревиатуры:** ⚷

агротуризм, водоём, экскурсовод, всероссийский; «Русал», Транссиб

Задание 4. Найдите однокоренные слова:

1. нагрузка
2. перекос
3. чудовищный
4. напрячься
5. омолодить
6. расселять

а. село
б. напряжение
в. чудесный
г. косой
д. грузить
е. молодость

Задание 5. Приведите стилистически нейтральные эквиваленты данных предложений.

1. В качестве успешного примера такой тактики Дерипаска назвал Олимпиаду в Сочи.

2. Такое мнение высказал на Красноярском экономическом форуме миллиардер, владелец компании «Русал» Олег Дерипаска.

3. Чтобы развивать юг России, было принято решение провести там Олимпиаду.

4. В связи с этим новую столицу, возможно, имеет смысл заложить недалеко от озера Байкал, крупнейшего на планете резервуара питьевой воды.

Задание 6. Передайте смысл данных предложений и микротекстов другими словами.

1. Тема переноса столицы за последние 5–6 лет превратилась из достаточно экзотической в чуть ли не мейнстрим.

2. Южная Сибирь — от западной до восточной её части — как раз то, что надо.

3. «Каждый раз, подлетая к Москве, я задумываюсь: что эти люди там делают? Какая нагрузка на нашу экономику?» — пояснил Дерипаска свою мысль.

4. Ранее, на форуме в Давосе, олигарх заявил, что российским властям стоит подумать о переносе столицы страны из Москвы в Сибирь, если они хотят успешно развивать этот регион.

5. «Страна напряглась, и на юге появился новый кластер», — цитировали СМИ слова Дерипаски.

6. Очевидно, что город должен быть заложен где-то недалеко от Транссиба, этой нашей всероссийской жилы, дороги, связывающей страну от края до края.

7. Легко догадаться, что далеко не все чиновники готовы будут столь круто изменить свою жизнь и переехать на новое место работы.

Задание 7. Согласны ли вы с тем, что функции столицы можно или даже нужно передавать другим городам? Примите участие в беседе.

Ваша задача:
— **высказать своё мнение;**
— **привести свои аргументы;**
— **привести примеры;**
— **привести сравнения;**
— **выразить оценочное осуждение;**
— **сформулировать вывод.**

***ТРКИ-2/ Говорение, задание 15.**

М.Н. Макова, О.А. Ускова. В мире людей. Выпуск 3. Часть 1. Чтение. Говорение

57

ТЕКСТ 2.1.2

Объём текста: 301 слово.
Время выполнения задания: 10 мин.

Задание Прочитайте документы (отчёт и программу мероприятий) и выполните задания теста.

ОТЧЁТ ОБ ЭКСКУРСИИ В МУЗЕЙ

30 января учащиеся Козельской школы-интерната — члены клуба «От сердца к сердцу» совершили экскурсию в Краеведческий музей. Для детей была проведена очень интересная и познавательная экскурсия по залу музея с разными экспозициями, которые помогли понять и увидеть быт наших предков. Как благодаря их труду основывался и развивался наш город.

Учащиеся с удовольствием слушали и с любопытством рассматривали экспонаты. Особенно ребятам понравился зал «Боевой славы», посвящённый Великой Отечественной войне. В этом зале были представлены фотопортреты ветеранов войны, списки награждённых орденами и медалями. В витринах — награды и наградные удостоверения, благодарственные письма, фронтовая переписка, личные вещи участников войны, макеты оружия.

Ещё всем понравился зал, где располагалась выставка по декоративному творчеству. На ней были представлены работы жителей нашего города. Работы сочетали в себе многообразие разных техник: вышивка, лоскутная мозаика, мягкая игрушка, бисероплетение, керамика и многое другое.

Дети были в восторге от посещения музея. Осталось много впечатлений от увиденных экспонатов. По окончании экскурсий дети поблагодарили экскурсовода за подробный рассказ о выставочных работах.

зав.учебной частью   М.Л. Терехова

(http://nsportal.ru/shkola/kraevedenie/
library/2016/02/06/ekskursiya-v-muzey)

ФЕСТИВАЛЬ «МОСКОВСКОЕ ЛЕТО. ЦВЕТОЧНЫЙ ДЖЕМ»

Программа мероприятий

20–23 июля на улицах города пройдёт фестиваль «Московское лето. Цветочный джем». Посетителей ждут творческие мастер-классы по садоводству, конкурсы, экскурсии и грандиозный бал цветов.

- Более 100 сортов мороженого
- Более 200 тысяч живых растений
- 42 площадки
- 5 стран-участниц

Ландшафтные дизайнеры из 5 стран (Россия, Белоруссия, Франция, Италия и Великобритания) украсят городские площадки.

Календарь событий

20 июля — день торта

— Шоу и мастер-классы от известных шеф-поваров и кондитеров

— Мастер-классы по приготовлению полезных тортов без выпечки

— Конкурс авторских арт-фартуков

21 июля — день пряника

— Мастер-классы по созданию арт-пряников и больших пряничных домов

— Лекции по истории русского пряника, организованные музеями Москвы

22 июля — день мороженого

— Мастер-классы по приготовлению молекулярного мороженого и полезных холодных десертов из фруктов и ягод

— Научные крио-шоу для детей

23 июля — бал цветов на Тверской площади

(https://www.mos.ru/city/projects/leto)

ТЕСТ. Определите, какие фразы соответствуют информации, представленной в данных документах. 🔑

1. Члены клуба получили много впечатлений от посещения музея. ☐
2. Особый интерес у учащихся школы вызвал мастер-класс по садоводству. ☐
3. В рамках фестиваля состоялся конкурс ландшафтных дизайнеров. ☐
4. Фестиваль «Московское лето. Цветочный джем» завершился конкурсом кондитеров. ☐

М.Н. Макова, О.А. Ускова. В мире людей. Выпуск 3. Часть 1. Чтение. Говорение

59

ТЕКСТ 2.2.1

Объём текста: 375 слов.
Время выполнения задания: 15 мин.

Задание **В России начался настоящий бум промышленного туризма. Прочитайте статью из журнала. Закончите предложения, данные после текста, выберите правильный вариант.** ⚬━

ТУРИСТЫ ПОЕХАЛИ ПО ЦЕХАМ

Казалось, вместе с крахом СССР канули в лету и времена пионерских экскурсий на заводы. Таким незамысловатым образом подростков исподволь заманивали в профильные профессионально-технические училища (ПТУ), стараясь решить проблему дефицита рабочих кадров. Однако в 90-е пропал не только дефицит и пионеры, но и большинство самих производств.

Сейчас с восстановлением промышленности ситуация резко изменилась. Поначалу заманивать к себе туристов стали, главным образом, пищевые предприятия и предприятия по выпуску товаров народного потребления. Расчёт был очевиден: бесплатное продвижение бренда, а для небольших производств ещё и дополнительный канал сбыта. В целом это мировая практика.

Результаты пилотных проектов оказались впечатляющими. «Порядка 1200 человек посетили Клинский район с целью промышленного туризма в 2015 году», — сообщила, например, глава муниципального района Подмосковья Алена Сокольская. Речь идёт о проекте, который в 2009 году запустило пивоваренное предприятие — производственный комплекс АО «САН ИнБев». За всё время работы экскурсионной программы завод посетило около 5 тысяч человек, говорит Сокольская. <…>

Вслед за пищевиками посетителей начали приглашать к себе и все остальные производства. Главные цели здесь уже походили на те, что преследовались в советские времена, — заманить на работу молодёжь. В Москве при поддержке городских властей была запущена целая программа «День без турникетов», в рамках которой в определённые дни крупнейшие предприятия могли посетить все желающие. Доступ на свои производства открыли такие известнейшие фабрики, как «Свобода», «Парижская коммуна», ОАО «Туполев» и многие другие. Проект оказался настолько популяр-

ным, что на некоторые экскурсии просто невозможно было попасть. Места в группах заканчивались в считанные часы после начала записи.

Как сетовал в беседе с «Эксперт Online» один из руководителей предприятия, открывшего турникеты, привлечения рабочих кадров в ходе проекта добиться не удалось. В основном приходили любопытные, чтобы пофотографировать цеха для блогов. Что, в общем, тоже не плохо, так как формирует положительный имидж заводов и фабрик.

На нынешнем этапе, когда власти пытаются вывести внутренний туризм на новый уровень, промышленному туризму отводится своя роль. Почти в каждой профильной региональной программе есть ссылка на его развитие, а также на развитие близкого агротуризма. Процесс, похоже, принимает лавинообразный характер. Только в текущем феврале о запуске новых индустриальных маршрутов объявлено в Вологодской области, Хабаровском крае, Северной Осетии и ряде других регионов. А Татарстан пустил в дело тяжёлую артиллерию — «КАМАЗ». Школьников на экскурсии туда водят и сейчас. А вот организованные тургруппы должны появиться на предприятии уже в марте.

Олег Стулов («Expert Online», 26 февраля 2016)

1. Экскурсии на производства во времена СССР имели цель … .
   а) организовать свободное время школьников
   б) познакомить выпускников с рабочими профессиями
   в) решить проблему рабочих кадров

2. В настоящее время, приглашая туристов, предприятия рассчитывают на … .
   а) продвижение продукции
   б) привлечение сотрудников
   в) получение признания в мире

3. Глава муниципального района Подмосковья … .
   а) доложила о достигнутых успехах
   б) раскритиковала идею промышленного туризма
   в) предоставила информацию об экскурсиях

4. Московское правительство … .
   а) одобрило программу «День без турникетов»
   б) поддержало проект открытого доступа ОАО «Туполев»
   в) не занимается промышленным туризмом

5. По мнению директора одной компании, экскурсии помогли … .
   а) решить производственные проблемы
   б) привлечь новых сотрудников
   в) повысить деловую репутацию предприятия

6. Власти в регионах России … .
   а) участвуют в туристических программах
   б) отказываются от программ агротуризма
   в) тормозят развитие внутреннего туризма

7. Промышленный туризм в России развивается благодаря … .
   а) частной инициативе
   б) государственной поддержке
   в) спонсорской помощи

Активизация языковых и речевых навыков

Задание 1. **Приведите синонимы / антонимы следующих слов и выражений:** ⚯

кадры, крах, расчёт; незамысловатый; заманивать, сетовать; исподволь, очевидно; кануть в лету

Задание 2. **Приведите русские эквиваленты интернациональных слов:** ⚯

бренд, блог, дефицит, имидж, индустрия, реконструкция; аграрный, региональный

Задание 3. **Укажите, из каких слов образованы следующие сложные слова и аббревиатуры:** ⚯

агротуризм, экскурсовод; лавинообразный; ПТУ, ОАО, СССР

Задание 4. **Найдите однокоренные слова:**

1. пищевик
2. подросток
3. продвижение
4. незамысловатый
5. запустить
6. преследовать

а. смысл
б. следить
в. пища
г. двигаться
д. рост
е. пуск

Задание 5. **а) Объясните разницу в значении следующих слов и выражений:**

канал — водный канал — телевизионный канал — канал сбыта;

буквальный — буквально следующее — буквально на глазах;

потребление — потребитель — потребительское отношение — общество потребления — товары народного потребления;

доступ на производство — доступ в Интернет;

резкий ветер — резкое похолодание — резкий запах — резкий голос — резкий ответ — резко измениться;

запустить спутник — запустить производство — запустить программу;

следить за порядком — следить за собой — преследовать цели — преследовать преступника

б) Составьте предложения с этими словами.

Задание 6. **Передайте смысл данных микротекстов и предложений другими словами.**

1. Казалось, вместе с крахом СССР, канули в лету и времена пионерских экскурсий на заводы.

2. Главные цели здесь уже походили на те, что преследовались в советские времена, — заманить на работу молодёжь.

3. Проект оказался настолько популярным, что на некоторые экскурсии просто невозможно было попасть.

4. Как сетовал в беседе с «Эксперт Online» один из руководителей предприятия, открывшего турникеты, привлечения рабочих кадров в ходе проекта добиться не удалось.

5. Расчёт был очевиден: бесплатное продвижение бренда, а для небольших производств ещё и дополнительный канал сбыта. В целом это мировая практика.

6. Почти в каждой профильной региональной программе есть ссылка на его развитие, а также на развитие близкого агротуризма. Процесс, похоже, принимает лавинообразный характер.

Задание 7. **Согласны ли вы с тем, что роль общественных организаций состоит в профессиональной ориентации молодёжи? Примите участие в беседе.**

Ваша задача:
— **высказать своё мнение;**
— **привести свои аргументы;**
— **привести примеры;**
— **привести сравнения;**
— **выразить оценочное осуждение;**
— **сформулировать вывод.**

*ТРКИ-2/ Говорение, задание 15.

ТЕКСТ 2.2.2

**Объём текста: 301 слово.
Время выполнения задания: 10 мин.**

Задание Прочитайте документы (заявление, докладную записку, служебную записку, рекомендательное письмо) и выполните задания теста.

Заявление

Начальнику отдела кадров Т.М. Николаевой
от Т.В. Королёвой

Заявление

Прошу принять меня на должность начальника бюро корреспонденции с окладом согласно штатному расписанию.

27.09.20... г.   Т.В. Королёва

Приложение:
1) личный листок по учёту кадров;
2) трудовая книжка;
3) копия диплома;
4) две фотографии.

Докладная записка

Генеральному директору
ПАО «Росстандарт»
М.В. Грибову

15.09.20.../ № ...

Докладная записка
О замене компьютера

Довожу до вашего сведения, что в настоящее время я располагаю устаревшей моделью компьютера, которая имеет ненадёжные эксплуатационные качества.

Прошу рассмотреть вопрос о замене компьютера на более современную модель.

Специалист 1-ой категории ПФУ   Е.П. Орлова

Служебная записка

Генеральному директору
ООО «Маяк»
Н.А. Хорьковой

11.11.20.../ № ...

Служебная записка

О премировании специалиста отдела продаж
А.В. Комова

В связи с досрочным выполнением месячной нормы продаж сотрудником отдела продаж Анатолием Викторовичем Комовым прошу выплатить ему премию в размере одного оклада. Оцениваю А.В. Комова как грамотного, квалифицированного работника, добросовестно и в срок выполняющего свои служебные обязанности.

Данные о продажах Комова А.В. прилагаю.

Начальник отдела продаж   С.С. Горбунков

Рекомендательное письмо

Уважаемый Владимир Сергеевич!

Во время нашей встречи на семинаре, который проходил в Москве 24–29 ноября, Вы упомянули, что в отдел маркетинга Вашей компании требуются специалисты. Я знаком с человеком, который идеально подойдёт на эту должность.

Мой друг Алексей Петров, с которым я работал над многими проектами, имеет профильное образование. На протяжении нескольких лет он работает в сфере рекламы и маркетинга. Он имеет опыт работы с такими компаниями, как «Северсталь», «Билайн» и «КамАЗ». Клиенты ценят его не только за высокий профессионализм, но и за креативное мышление и творческий подход к работе. Зная направленность Вашей компании, могу предположить, что Алексей заинтересует Вас как высококвалифицированный специалист.

Я проинформировал его о возможности работать в Вашей компании, и Алексей выразил заинтересованность. С ним можно связаться по телефону: +7 903 566 72 81.

С уважением,
менеджер отдела маркетинга
ООО «Высота»

П.И. Труфанов

64

М.Н. Макова, О.А. Ускова. В мире людей. Выпуск 3. Часть 1. Чтение. Говорение

ТЕСТ. Закончите предложения, выберите правильный вариант. ⚓

1. Королёва Т.В. написала заявление … .
   а) М.В. Грибову
   б) А.В. Комову
   в) П.И. Труфанову
   г) Т.М. Николаевой

2. Начальник отдела продаж обращается с просьбой … .
   а) заменить устаревшую модель компьютера
   б) премировать сотрудника отдела
   в) порекомендовать высококвалифицированного специалиста
   г) принять на работу инспектора по регистрации корреспонденции

3. Е.П. Орлова просит предоставить ей … .
   а) данные о продажах
   б) новый компьютер
   в) копию диплома
   г) рекомендательное письмо

4. Алексея Петрова рекомендуют как специалиста в отдел … .
   а) продаж
   б) ПФУ
   в) маркетинга
   г) кадров

ТЕКСТ 2.3.1

Объём текста: 436 слов (3 % незнакомых слов).
Время выполнения задания: 15 мин.

Задание Весь мир знает российских олимпийских чемпионов, однако многие знаменитые спортсмены увлекаются не только спортом. Прочитайте статью с сайта. Закончите предложения, данные после текста, выберите правильный вариант. ☞

СПОРТИВНЫЙ «ГОЛОС»: ТОП РОССИЙСКИХ СПОРТСМЕНОВ, НЕ СТЕСНЯЮЩИХСЯ ПЕТЬ

Полузащитник сборной России по футболу Дмитрий Тарасов спел для своей жены, телеведущей Ольги Бузовой, в качестве подарка на 30-летие. «Газета.Ru» вспоминает другие случаи, когда известные отечественные спортсмены не стеснялись хвастать вокальными данными.

А вот хоккеист «Динамо» Михаил Анисин удивил болельщиков именно оперным пением. На Матче звёзд КХЛ в году он исполнил знаменитую итальянскую композицию 'O Sole Mio. От чистоты исполнения захватило дух даже у музыкальных знатоков. Анисин пел так, будто занимался этим всю жизнь. Впоследствии Михаил ещё не раз радовал одноклубников своими талантами. По его признанию, пением он занимался с детства и продолжает петь до сих пор. К сожалению, спортивная карьера Анисина после нескольких успешных лет пошла на спад, и вспоминают его всё чаще только благодаря великолепно исполненной 'O Sole Mio.

Футболисты «Локомотива» Дмитрий Сычёв и Динияр Билялетдинов, как и Тарасов, оказались не чужды хип-хопу. Причём выступили они на премии MTV Russia Music Awards на глазах у всей страны, что, конечно, делает им честь. Правда, имя Билялетдинова здесь фигурирует скорее условно, потому что читал рэп только Сычёв. Трек получился любопытным, и Дмитрий нисколько не стеснялся. Закруглившись, футболисты вручили тарелку группе «Каста», победившей в номинации «лучший хип-хоп-проект».

О дружбе Игоря Акинфеева и солиста группы «Руки вверх» Сергея Жукова известно всем. Вратарь сборной России по футболу в детстве, как и вся страна, заслушивался песнями Жукова, а затем вырос, стал знаменитым вратарём и познакомился с любимым исполнителем.

Молодых людей уже не первый год связывают тёплые приятельские отношения, венцом которых стала запись совместной композиции «Мой друг».

«Наша дружба становится всё больше и больше, потому что Игорь уже крёстный нашей дочери. Дружим семьями, можно сказать, мы уже родственники. У нас

А. Овечкин и Катя Лель

общий круг знакомых. Единственное, о чём мы стараемся особо не говорить, — это ЦСКА и "Руки вверх!"» — рассказывал о дружбе с Акинфеевым Жуков.

Хоккеисты сборной России Евгений Малкин и Александр Овечкин — ребята весёлые. При случае они не стесняются спеть, иногда даже совместно. Так и случилось недавно, когда спортсмены исполнили песню «Команда молодости нашей» в одном из заведений.

Кроме того, оба засветились в клипах российских поп-исполнителей. Так, Овечкин принял участие в съёмках клипа Кати Лель на песню «Пусть говорят». Хоккеиста с певицей связывают дружеские отношения. А в записи другого трека Лель, «Долетай», поучаствовал другой известный хоккеист — Павел Буре.

Также Овечкина с Малкиным можно увидеть в клипах Ирины Аллегровой и сестёр Ларионовых.

Андрей Аршавин в любви к пению никогда замечен не был, благо у героя Евро есть и другие таланты. Однако и ему приходилось брать в руки микрофон. Случилось это на записи передачи «Хорошие шутки» для телеканала СТС, где полузащитник сборной России решил исполнить песню «Пусть бегут неуклюже». Получилось не слишком профессионально, но зал остался доволен.

(По материалам сайта «Газета.Ru»)

1. Многие российские спортсмены увлекаются … .
    а) музыкой разных жанров
    б) итальянской оперной классикой
    в) популярной музыкой

2. Михаил Анисин запомнился болельщикам … .
    а) выдающимися спортивными данными
    б) высоким классом игры
    в) прекрасным вокалом

3. Хоккеисты сборной России спели в клипе … .
    а) «Команда молодости нашей»
    б) группы «Руки вверх»
    в) с Катей Лель

4. После выступления на премии MTV футболисты … .
    а) были прохладно встречены публикой
    б) наградили лучшую хип-хоп-группу
    в) победили в номинации «лучший хип-хоп-проект»

5. Круг общения спортсменов… .
    а) ограничен профессионально
    б) включает представителей шоу-бизнеса
    в) очень широкий

6. Популярная певица пригласила Овечкина на запись клипа, потому что … .
    а) они друзья
    б) у него прекрасный голос
    в) он автор песни

7. Вратарь футбольной команды и музыкант Жуков … .
    а) в детстве были друзьями
    б) познакомились недавно
    в) дружат семьями

8. Автор рассказывает об увлечениях спортсменов … .
    а) с улыбкой
    б) с насмешкой
    в) с недоумением

Активизация языковых и речевых навыков

Задание 1. **Приведите синонимы / антонимы следующих слов и выражений:** ⌇

венец, исполнитель, отечественный, закруглиться, стесняться, хвалиться, великолепно, профессионально, при случае, захватывать дух

Задание 2. **Приведите русские эквиваленты интернациональных слов:** ⌇

номинация, композиция, трек, фигурировать

Задание 3. **Укажите, из каких слов образованы следующие сложные слова и аббревиатуры:** ⌾⇁

одноклубник, полузащитник, телеведущий, телеканал, тридцатилетие, ЦСКА

Задание 4. **Найдите однокоренные слова:** ⌾⇁

1. вратарь	а. снимать
2. знаток	б. крестить
3. крёстный	в. свет
4. спад	г. рука
5. съёмка	д. ворота
6. вручить	е. падать
7. закруглиться	ж. знать
8. засветиться	з. круг

Задание 5. **а) Объясните разницу в значении следующих слов и выражений:**

болельщик — больной;
запись — записка;
сборная — сборник — сборка;
вокальные данные — статистические данные;
чуждый — чужой — чужак — чужестранец;
признание — знание — призвание;
засветить лампу — засветить в глаз — засветиться в клипе

б) Составьте предложения с этими словами.

Задание 6. **Передайте смысл данных предложений и микротекстов другими словами.**

1. От чистоты исполнения захватило дух даже у музыкальных знатоков.

2. К сожалению, спортивная карьера Анисина после нескольких успешных лет пошла на спад.

3. Футболисты «Локомотива» Дмитрий Сычёв и Динияр Билялетдинов оказались не чужды хип-хопу.

4. Они выступили на премии MTV Russia Music Awards на глазах у всей страны, что, конечно, делает им честь.

5. Имя Билялетдинова здесь фигурирует скорее условно, потому что читал рэп только Сычёв.

6. Молодых людей уже не первый год связывают тёплые приятельские отношения, венцом которых стала запись совместной композиции «Мой друг».

7. Спортсмены исполнили песню «Команда молодости нашей» в одном из заведений. Кроме того, оба засветились в клипах российских поп-исполнителей.

8. Андрей Аршавин в любви к пению никогда замечен не был, благо у героя Евро есть и другие таланты.

Задание 7. **Вы принимаете участие в беседе на тему «Что делает жизнь полноценной: любовь, любимая работа, хобби?».**

Ваша задача:

— **высказать своё мнение;**

— **привести свои аргументы;**

— **привести примеры;**

— **привести сравнения;**

— **выразить оценочное осуждение;**

— **сформулировать вывод.**

*ТРКИ-2/ Говорение, задание 15.

ТЕКСТ 2.3.2

Объём текста: 327 слов.
Время выполнения задания: 10 мин.

Задание Прочитайте документы (письмо-поздравление, претензию, заявление, объяснительную записку) и выполните задания теста.

Письмо-поздравление

Уважаемый Олег Борисович!

Выражаем Вам свою благодарность за безупречную работу на протяжении 20 лет! Благодаря высокому уровню Вашего профессионализма нам совместно удаётся выполнять такую важную миссию — вносить свой вклад в успешное развитие машиностроения страны!

В день Вашего 50-летия желаем неиссякаемой творческой энергии, свершения всех начинаний и планов, успехов, крепкого здоровья, радости и счастья!

С уважением,
директор ООО «Сибмаш»

Л.Б. Иванов

Претензия

Директору интернет-магазина
ООО «Покупка»

Претензия

10 мая 20... г. мною на сайте интернет-магазина ООО «Покупка» приобретён товар: сотовый телефон, модель A687s. Товар был полностью оплачен в размере 12 548 руб. путём перечисления денежных средств с пластиковой карты.

Согласно информации о доставке, размещённой на сайте, срок поставки телефона — 15 дней, однако на сегодняшний день — 30.05.20... г. — товар не получен.

На основании ст. 26.1, ст. 23.1 Закона о защите прав потребителей, требую в течение 10 дней с даты получения настоящей претензии осуществить возврат оплаченной мною суммы в полном размере, а также выплатить неустойку в связи с нарушением срока поставки (в размере 0,5% суммы предварительной оплаты).

В случае отказа от удовлетворения требований настоящей претензии буду вынужден обратиться в суд с исковым заявлением о защите прав потребителя, с требованием о взыскании штрафа и компенсации морального ущерба.

30.05.20... г.

В.М. Привалов

Заявление

Директору ветлечебницы № 1
С.А. Волкову
от лаборанта И.П. Вороновой

Заявление

Прошу предоставить мне отпуск без сохранения содержания продолжительностью 1 (один) календарный день 25.12.20... г. по семейным обстоятельствам (необходимость присутствия на празднике в детском саду).

Приложение: копия уведомления из детского сада от 01.12.20... г. о запланированном мероприятии с участием родителей и детей.

05.12.20... г.   И.П. Воронова

Объяснительная записка

Руководителю
отдела маркетинга
А.В. Ясеневу
13.03.20... /№...

Объяснительная записка

Об отсутствии на рабочем месте

12.03.20... г. я отсутствовал на рабочем месте в течение всего рабочего дня в связи с тем, что по пути на работу я попал в дорожно-транспортное происшествие, в результате которого мой автомобиль был частично повреждён. На оформление всех бумаг по ДТП ушло много времени, затем я вынужден был вызвать эвакуатор и доставить машину до автосервиса.

Ведущий специалист
отдела маркетинга   Б.В. Белков

ТЕСТ. Укажите, в каком документе речь идёт: ⚿

1. о выплате компенсации
2. о предоставлении отпуска
3. об отсутствии на рабочем месте
4. о безупречной работе

а. объяснительная записка
б. письмо-поздравление
в. претензия
г. заявление

70

М.Н. Макова, О.А. Ускова. В мире людей. Выпуск 3. Часть 1. Чтение. Говорение

ТЕКСТ 2.4.1

Объём текста: 404 слова (5 % незнакомых слов).
Время выполнения задания: 15 мин.

Задание **История космонавтики вызывает неизменный интерес. В газете вы нашли информацию о животных, летавших в космос. Прочитайте текст и закончите предложения, данные после текста, выберите правильный вариант.** ⊶

ЗВЕРЬЁ В КОСМОСЕ

19 августа 1960 года в космос отправились собаки Белка и Стрелка, первые животные, вернувшиеся из космоса на Землю невредимыми.

Их выбирали из 12 претендентов, отбор вёлся по специальной методике: вес — не более 6 кг, возраст — не старше 12 лет. Отбирались только девочки, поскольку для них проще было разработать «космический туалет». Да и по характеру они спокойнее. Кроме того, собаки должны были быть внешне привлекательными: их фотографиям предстояло появиться на первых полосах мировых СМИ.

«В те годы велись споры, кого из животных лучше запустить в первый космический полёт, — рассказывает Александр Серяпин, полковник медицинской службы, через руки которого прошли все советские «четвероногие космонавты». — Американцы проводили эксперименты на шимпанзе. И мы в наш Институт авиационной и космической медицины заказали обезьян из Сухуми. Однако эти животные не могут долго сидеть спокойно, рвут на себе провода, датчики. Поэтому мы в конце концов от них отказались. Собаки же могут находиться в одной позе сутками. Они лучше поддаются дрессировке. Среди них можно подобрать терпеливых».

Белка и Стрелка стали собаками легендарными, о них теперь снимают кино. Остаток жизни четвероногие космонавты провели в славе и почёте. Их возили на выставки, показывали в школах, вузах. Через несколько месяцев после возвращения с орбиты Стрелка принесла потомство, у неё родились шесть щенят. Все они были здоровыми, что обрадовало учёных: значит, после полёта в космос организм способен к размножению.

«Эксперименты на животных имели несколько целей, — вспоминает Игорь Балаховский, доктор медицинских наук. — Было много вопросов: как отреагируют на невесомость вестибулярный аппарат и кровеносная система, как будет происходить терморегуляция организма? Не повредится ли нервная система? Конечно, собак было жалко. Многие гибли на стадии испытаний. Бывало, что сотрудники после экспериментов из жалости забирали собак себе домой — за ними требовался постоянный уход.

«Если на заре космонавтики эксперименты над животными проводили прежде всего для того, чтобы понять, как влияет невесомость на организм, то теперь задачи изменились, — говорит Владимир Сычёв, зам. директора Института медико-биологических проблем РАН, доктор биологических наук. — Люди готовятся лететь в дальний космос. Экипажу придётся выращивать растения, разводить животных, чтобы питаться. Значит, надо узнать, какие из них могут нормально развиваться в условиях невесомости. Мы уже выяснили, что ставку надо делать на разведение рыб: они, в отличие от сухопутных животных, в состоянии пережить длительный космический полёт и при этом ещё могут размножаться. Правда, пока это только гипотеза, которая требует проверки».

А лучше всего, как установили учёные, в невесомости живётся мухам-дрозофилам. Они дают по два, а то и по три поколения потомства. Недаром же говорят, что насекомые — еда будущего.

Дмитрий Владимиров
(По материалам газеты «Аргументы и факты»)

1. Белка и Стрелка прославились как первые ... .
   а) собаки, полетевшие в космос
   б) звери, вернувшиеся на Землю невредимыми
   в) сухопутные животные в космосе

2. Четвероногие стали космонавтами ... .
   а) в результате случайного выбора
   б) по решению руководителя проекта
   в) вследствие специального отбора

3. Обезьяны не удовлетворяли требованиям специалистов, ...
   а) поскольку слишком подвижны
   б) так как не переносят невесомость
   в) потому что становятся агрессивными

4. После полёта собаки-космонавты ... .
   а) оставались участниками эксперимента
   б) прославились на весь мир
   в) доживали свой век в институте

5. Основу пищи будущего составят ... .
   а) насекомые
   б) растения
   в) животные

6. Во время опытов учёные испытывали к животным ... .
   а) жалость
   б) раздражение
   в) равнодушие

7. В настоящее время эксперименты над животными ... .
   а) завершены
   б) приостановлены
   в) идут полным ходом

8. Цель автора текста — ... .
   а) вызвать возмущение читателей
   б) продемонстрировать научные достижения
   в) сообщить информацию

Активизация языковых и речевых навыков

Задание 1.   **Приведите синонимы / антонимы следующих слов и выражений:** ⌐

испытание, почёт, стадия, щенок, привлекательный, внешне, запустить, питаться; делать ставку (на что?)

Задание 2.   **Приведите русские эквиваленты интернациональных слов:** ⌐

гипотеза, дрессировка, терморегуляция, эксперимент

Задание 3.   **Укажите, из каких слов образованы следующие сложные слова:** ⌐

замдиректора, кровеносный, сухопутный, четвероногие

Задание 4. **Найдите однокоренные слова:**

1. невесомость
2. проверка
3. размножение
4. невредимый
5. терпеливый
6. выращивать
7. запустить
8. проще

а. рост
б. вред
в. пуск
г. много
д. верно
е. простой
ж. вес
з. терпение

Задание 5. **а) Объясните разницу в значении следующих слов:**

уход — ухаживание;

потомство — потомки;

вести отбор — вести набор;

пройти через руки (кого?) — взять себя в руки — взять всё в свои руки

б) Составьте предложения с этими словами.

Задание 6. **Передайте смысл данных микротекстов и предложений другими словами.**

1. Собаки должны были быть внешне привлекательными: их фотографиям предстояло появиться на первых полосах мировых СМИ.

2. «В те годы велись споры, кого из животных лучше запустить в первый космический полёт», — рассказывает Александр Серяпин, полковник медицинской службы, через руки которого прошли все советские «четвероногие космонавты».

3. Собаки могут находиться в одной позе сутками.

4. Остаток жизни четвероногие космонавты провели в славе и почёте.

5. Учёные выяснили, что ставку надо делать на разведение рыб: они, в отличие от сухопутных животных, в состоянии пережить длительный космический полёт и при этом ещё могут размножаться.

6. Недаром говорят, что насекомые — еда будущего.

Задание 7. **Вы принимаете участие в беседе на тему «Животные — братья наши меньшие или объект для экспериментов?».**

Ваша задача:

— **высказать своё мнение;**

— **привести свои аргументы;**

— **привести примеры;**

— **привести сравнения;**

— **выразить оценочное осуждение;**

— **сформулировать вывод.**

*ТРКИ-2/ Говорение, задание 15.

ТЕКСТ 2.4.2

Объём текста: 331 слово.
Время выполнения задания: 10 мин.

Задание Прочитайте информационные письма и выполните задания теста.

Информационное письмо 1

ФОНД РАЗВИТИЯ ОТЕЧЕСТВЕННОГО ОБРАЗОВАНИЯ

ИНФОРМАЦИОННОЕ ПИСЬМО

Уважаемые коллеги!

Фонд развития отечественного образования приглашает Вас принять участие в работе **Всероссийского научного форума «НЕДЕЛЯ ВУЗОВСКОЙ НАУКИ»**, в рамках которой состоятся:

— всероссийская научно-практическая конференция «Состояние и перспективы развития высшего образования в современном мире»;

— торжественная церемония награждения победителей и лауреатов Всероссийского конкурса на лучшую научную книгу 2017 года.

Цели проведения форума:

— исследование тенденций развития современного высшего образования;

— определение условий совершенствования системы высшего образования с учётом специфики информационного общества;

— предложение инновационных направлений развития гуманитарного, экономического, юридического и технического образования;

— поддержка научно-исследовательской деятельности преподавателей, научных работников, аспирантов и студентов.

Сроки проведения форума: **11–15 сентября 2018 года**.

Место проведения: **город Сочи, ул. Орджоникидзе, д. 10а**.

Направления работы конференции:
1. Психолого-педагогические проблемы развития личности в высшей школе.
2. Проблемы высшего экономического образования в России.
3. Содержание и технологии обучения юристов в современной высшей школе.
4. Гуманитарное образование в современной высшей школе.

Организационные условия:
Тексты публикации просим направлять **в электронном виде** на e-mail: n.nauki@mail.ru. К авторским материалам прилагаются заполненная информационная карта участника (по форме, в электронном виде) и отсканированная копия квитанции об оплате.

ОРГКОМИТЕТ

Информационное письмо 2

**НЕКОММЕРЧЕСКАЯ ОРГАНИЗАЦИЯ
«ФОНД РАЗВИТИЯ ОТЕЧЕСТВЕННОГО ОБРАЗОВАНИЯ»**

119017, г. Москва, ул. Малая Ордынка, д. 7; тел.: 8(862)262-73-71; e-mail: fondro@mail.ru; www.fondro.com

Лауреату Всероссийского конкурса
на лучшую научную книгу 2017 года
в номинации «Гуманитарные науки»
Васильковой О.А.

Уважаемая Ольга Александровна!

Поздравляем Вас с тем, что Вы стали лауреатом Всероссийского конкурса на лучшую научную книгу 2017 года, проводимого Фондом развития отечественного образования среди преподавателей высших учебных заведений и научных сотрудников научно-исследовательских учреждений (итоги Всероссийского конкурса расположены на сайте http://www.fondro.com).

Приглашаем Вас принять участие в работе научного форума «Всероссийская неделя вузовской науки», в рамках которого состоится торжественная церемония награждения победителей и лауреатов Всероссийского конкурса на лучшую научную книгу 2017 года.

Всероссийская неделя вузовской науки пройдёт с 11 по 15 сентября 2018 г. по адресу: г. Сочи, ул. Орджоникидзе, д. 10а.

В случае возможности Вашего участия в работе Всероссийской недели вузовской науки в обязательном порядке **необходимо подтвердить** Ваш приезд по электронной почте: fondro@mail.ru.

ОРГКОМИТЕТ

ТЕСТ. Определите, какие фразы соответствуют информации, представленной в информационных письмах. ☞

1. О.А. Василькова стала лауреатом Всероссийского конкурса в номинации «Гуманитарное образование в современной высшей школе».

2. Одной из целей проведения форума является поддержка научно-исследовательской деятельности.

3. От лауреата требуется подтверждение участия в работе форума.

4. Направление научной конференции — «Состояние и перспективы развития высшего образования в современном мире».

ТЕКСТ 2.5.1

Объём текста: 402 слова (8 % незнакомых слов).
Время выполнения задания: 15 мин.

Задание   60 часов прямого эфира из Вашингтона, Берлина, Пекина и десятков городов России — за четыре дня тысячи людей со всего мира прочитали вслух роман Льва Толстого «Война и мир». Прочитайте статью, опубликованную в Интернете. Закончите предложения, данные после текста, выберите правильный вариант. 👓→

МАРАФОН ЧТЕНИЯ: «ВОЙНА И МИР»

«Это отчасти авантюрный проект — в том смысле, что, кажется, никто не делал подобного, — рассказывает Фёкла Толстая. — Это авантюра и в технологическом отношении — почти 60 часов прямого эфира в течение четырёх суток, несколько десятков точек по всему миру». Она вспомнила, как на совещаниях в ВГТРК сравнивали чтения «Войны и мира» с трансляцией Олимпиады или чемпионата мира по футболу.

«Эфир, конечно, совсем не ровный, я иногда внутренне спорю с тем, как читают люди: у меня, как у любого читателя, своё представление о романе. Но очень интересно смотреть на страну — это ещё одна составляющая проекта, если не говорить о содержании акции», — сказала она.

Организатор и вдохновитель проекта Фёкла Толстая — праправнучка писателя. Год назад она была куратором онлайн-чтений «Анны Карениной», а в этом сентябре проводила акцию «Чехов жив».

«Для меня это идеологически важный проект — он демонстрирует, что нас объединяет не только гражданство, один язык, валюта или территория. Нас объединяет русская классическая литература, культура — это очень важно!» — говорит Фёкла Толстая.

Читать четыре тома «Войны и мира» будут более 1300 человек.

Заявку на участие в проекте мог подать кто угодно — достаточно было снять на видео чтение отрывка из книги и заполнить несложную анкету на специально созданном сайте. Всего было принято более 5 тысяч анкет.

Обширна и география проекта. Прямые включения идут из Вашингтона, Берлина, Пекина, Парижа, Вены. В России фрагменты романа читают в Москве, Петербурге, Казани, Грозном, Хабаровске, Новосибирске, Сочи, Ярославле и других городах. Отдельные страницы прочитают космонавты на МКС и моряки на атом-

ном ледоколе «Вайгач» — правда, как призналась Фёкла Толстая, эти записи были получены заранее.

«Мы во время трансляции должны даже учитывать, как летают спутники, потому что через них идёт сигнал. Хотя это, конечно, правильный масштаб для Льва Николаевича», — сказала ведущая.

«"Война и мир" — очень современная история, — считает Светлана Бондарчук. — Взаимоотношения людей, тонкие настройки, даже мировое устройство в целом похоже. Есть иллюзия, что мы глобально меняемся. Когда читаешь классику, понимаешь, что это не люди меняются, просто появились айфоны, а у людей как были три цвета глаз, так и осталось всё».

«Актуальным мне кажется само название романа — слова "Война и мир" трагическим образом сейчас стали значить для нас не только название книги Толстого», — рассказала Фёкла Толстая.

Она посетовала, что люди сейчас легко раздают ярлыки, выясняют, кто наш, а кто — нет, кто враг и кто друг.

«На войне, наверное, всё просто. А в жизни всё гораздо сложнее. Вот и в романе нет ни одного персонажа, который очевидно ужасный или очевидно прекрасный», — резюмировала Толстая.

(По материалам сайта gazeta.ru)

1. Марафон чтения «Войны и мира» является … .
   а) уникальным проектом
   б) обучающей программой
   в) рекламной акцией

2. Идея литературного марафона была предложена … .
   а) известной актрисой
   б) потомком писателя
   в) деятелями искусства

3. В чтении романа принимали участие … .
   а) прошедшие конкурсный отбор
   б) профессиональные чтецы
   в) все желающие

4. В прямом эфире роман читали … .
   а) поклонники Толстого из разных стран
   б) космонавты на космической станции
   в) моряки с атомного ледокола

5. Светлана Бондарчук считает роман современным, потому что … .
   а) люди остались прежними
   б) в обществе произошли перемены
   в) миропорядок остался неизменным

6. Для Фёклы Толстой в проекте важно … .
   а) привлечь внимание к произведениям Толстого
   б) показать основу общности россиян
   в) доказать преимущества классики

7. Автор проекта рассказывает о литературном марафоне … .
   а) с чувством грусти
   б) с горечью
   в) с гордостью

8. Данный текст можно отнести к … .
   а) рекламным материалам
   б) газетным публикациям
   в) научной статье

Активизация языковых и речевых навыков

Задание 1. **Приведите синонимы / антонимы следующих слов и выражений:** ⬚⊶

праправнучка, представление, сетовать, учитывать, глобально; прямой эфир; кто угодно

Задание 2. **Приведите русские эквиваленты интернациональных слов:** ⬚⊶

авантюра, акция, идеология, иллюзия, куратор, масштаб, персонаж, сайт, трансляция, актуальный, резюмировать

Задание 3. **Укажите, из каких слов образованы следующие сложные слова и аббревиатуры:** 🔑

взаимоотношения, ледокол, очевидно; ВГТРК, МКС

Задание 4. **Найдите однокоренные слова:** 🔑

1. вдохновитель
2. заявка
3. моряк
4. настройка
5. совещание
6. трагический
7. выяснять

а. настраиваться
б. трагедия
в. ясно
г. заявить
д. море
е. совет
ж. вдохновение

Задание 5. **а) Объясните разницу в значении следующих слов:**

заявка — заявление — объявление;

раздавать подарки — раздавать обещания — раздавать ярлыки;

точка в предложении — точка зрения — точка на карте мира;

снять на видео — снять вопрос — снять ответственность

б) Составьте предложения с этими словами.

Задание 6. **Передайте смысл данных микротекстов и предложений другими словами.**

1. Это отчасти авантюрный проект — в том смысле, что, кажется, никто не делал подобного.

2. Это авантюра и в технологическом отношении — почти 60 часов прямого эфира в течение четырёх суток, несколько десятков точек по всему миру.

3. Взаимоотношения людей, тонкие настройки, даже мировое устройство в целом похожи.

4. Актуально название романа — слова «Война и мир» трагическим образом сейчас стали значить для нас не только название книги Толстого.

5. Фёкла Толстая посетовала, что люди сейчас легко раздают ярлыки, выясняют, кто наш, а кто — нет, кто враг и кто друг.

6. Есть иллюзия, что мы глобально меняемся. Когда читаешь классику, понимаешь, что это не люди меняются, просто появились айфоны, а у людей как были три цвета глаз, так и осталось всё.

Задание 7. **Вы принимаете участие в беседе на тему «Чтение сегодня — это потребность, необходимость или времяпрепровождение?».**

Ваша задача:

— **высказать своё мнение;**

— **привести свои аргументы;**

— **привести примеры;**

— **привести сравнения;**

— **выразить оценочное осуждение;**

— **сформулировать вывод.**

*ТРКИ-2/ Говорение, задание 15.

ТЕКСТ 2.5.2

Объём текста: 334 слова.
Время выполнения задания: 10 мин.

Задание ▮▮ Прочитайте документы (письмо-благодарность, отчёт, положение) и выполните задания теста.

Письмо-благодарность

Уважаемый Павел Андреевич!

Хочу поблагодарить Вас за тёплый приём, гостеприимство и увлекательную культурную программу. Уверен, что состоявшиеся переговоры поспособствуют укреплению и дальнейшему развитию доверительных партнёрских отношений.

Передайте также благодарность всем тем, кто участвовал в организации и проведении нашей встречи.

С уважением,
директор ООО «Ветер»

С.С. Соколов

Отчёт

ОТЧЁТ
о проведении экскурсии в школьный
«Музей русского быта»

12.04.20… г. группа № 7 посетила «Музей русского быта». Все вещи, представленные в музее, являются подлинными и потому интересны как свидетели минувшей эпохи. Учащихся встретила директор музея Кузенкова Тамара Владиславовна.

В ходе экскурсии школьники узнали много нового и интересного о том, как жили крестьяне, работали, растили детей, как пекли хлеб, пряли пряжу, ткали полотно, вышивали. Помимо экскурсии работниками музея был проведён мастер-класс по изготовлению обережных поясов.

Экскурсия вызвала со стороны детей и сопровождающих педагогов большой интерес и желание посетить музей ещё раз.

Зам. директора
по воспитательной работе

Н.И. Петрова

Положение

МЕЖДУНАРОДНЫЙ КОНКУРС
ИМЕНИ П.И. ЧАЙКОВСКОГО

УСЛОВИЯ КОНКУРСА

1. Учредителями Международного конкурса имени П.И. Чайковского (далее — Конкурс) являются Правительство Российской Федерации и Министерство культуры Российской Федерации.

2. Специальности Конкурса: фортепиано, скрипка, виолончель, сольное пение (мужчины и женщины).

3. В Конкурсе могут принять участие музыканты из всех стран. Возраст конкурсантов по специальностям фортепиано, скрипка и виолончель должен быть не младше 16 и не старше 32 лет включительно на момент открытия Конкурса. Возраст конкурсантов по специальности сольное пение должен быть не младше 19 и не старше 32 лет включительно на момент открытия Конкурса. Лауреаты первых премий международных конкурсов имени П.И. Чайковского не вправе принимать участие в Конкурсе.

4. К участию в Конкурсе будет допущено не более 30 пианистов, 25 скрипачей, 25 виолончелистов и 40 вокалистов (20 мужчин и 20 женщин). Участники Конкурса будут отобраны авторитетным жюри, назначенным Оргкомитетом Конкурса, по результатам отборочного тура (рассмотрение заявки и присланных документов, просмотр видеозаписи программы) и предварительных прослушиваний.

5. Официальный адрес дирекции Конкурса:

119002, Россия, г. Москва
ул. Арбат, д. 35, офис 557
Российская государственная концертная компания «СОДРУЖЕСТВО»
E-mail: info@tchaikovskycompetition.com
Сайт: http://tchaikovskycompetition.com
Тел. 8-499-248-19-43

ТЕСТ. Определите, какие фразы соответствуют информации, представленной в документах.

1. Директор ООО «Ветер» получил благодарность за увлекательную культурную программу. ☐

2. Экскурсия в музей предполагает участие посетителей в мастер-классе по изготовлению обережных поясов. ☐

3. В Конкурсе могут принять участие музыканты из всех стран без ограничений по возрасту. ☐

4. Участники Конкурса будут отобраны Оргкомитетом Конкурса по результатам отборочного тура. ☐

КЛЮЧИ

Текст 2.1.1

ТЕСТ. 1. а. 2. в. 3. а. 4. в. 5. б. 6. б. 7. в

Задание 1.   **владелец** *Синонимы:* собственник / хозяин; **край** *Синоним:* граница *Антоним:* центр; **чудовищный** *Синонимы:* огромный / значительный *Антонимы:* небольшой / незначительный; **прирастать** *Синоним:* расширяться *Антонимы:* сжиматься / уменьшаться; **сетовать** *Синоним:* жаловаться *Антоним:* хвалиться; **в частности** *Синоним:* например *Антоним:* в общем

Задание 2.   движение, главный, область / край, ёмкость, способы, собрание, возможность, необычный

Задание 3.   агрономический / туризм; вода / ёмкость; экскурсия / водить; вся Россия; «Русский алюминий»; «Транссибирская магистраль»

Задание 4.   1. д. 2. г. 3. в. 4. б. 5. е. 6. а

Текст 2.1.2

ТЕСТ. 1. Да. 2. Нет. 3. Нет. 4. Нет

Текст 2.2.1

ТЕСТ. 1. в. 2. б. 3. в. 4. а. 5. в. 6. а. 7. б

Задание 1.   **кадры** *Синоним:* персонал; **крах** *Синоним:* распад *Антоним:* возрождение; **расчёт** *Синоним:* план *Антоним:* экспромт; **незамысловатый** *Синонимы:* примитивный / простой *Антоним:* сложный; **заманивать** *Синоним:* привлекать *Антоним:* отталкивать; **сетовать** *Синоним:* жаловаться *Антоним:* хвалиться; **исподволь** *Синоним:* незаметно *Антоним:* открыто; **очевидно** *Синоним:* ясно *Антоним:* непонятно; **кануть в лету** *Синонимы:* пропасть / исчезнуть

Задание 2.   марка, дневник, недостаток, образ, промышленность, восстановление; сельскохозяйственный, областной

Задание 3.   аграрный / туризм, экскурсия / водить, лавина / образ, профессионально-техническое училище, открытое акционерное общество, Союз Советских Социалистических Республик

Задание 4.   1. в. 2. д. 3. г. 4. а. 5. е. 6. б

Текст 2.2.2

ТЕСТ. 1. г. 2. б. 3. б. 4. в

Текст 2.3.1

ТЕСТ. 1. а. 2. в. 3. в. 4. б. 5. б. 6. а. 7. в. 8. а

Задание 1.   **венец** *Синонимы:* вершина / пик; **исполнитель** *Синоним:* артист; **отечественный** *Синоним:* родной *Антоним:* зарубежный; **стесняться** *Синонимы:* робеть / смущаться *Антоним:* осмелеть; **хвалиться** *Синоним* хвастаться: *Антоним:* скромничать; **великолепно** *Синоним:* блистательно *Антоним:* отвратительно; **профессионально** *Синоним:* мастерски *Антоним:* дилетантски; **при случае** *Синоним:* иногда *Антоним:* никогда; **захватывать дух** *Синоним:* прийти в восхищение *Антоним:* оставить равнодушным

Задание 2.   название (направления), сочинение (музыкальное), сопровождение (звуковое), упоминаться

Задание 3.   один / клуб; наполовину / защитник; телевизионный / ведущий; телевизионный / канал; тридцать / лет, Центральный спортивный клуб армии.

Задание 4.   1. д. 2. ж. 3. б. 4. е. 5. а. 6. г. 7. в

Текст 2.3.2

ТЕСТ. 1. в. 2. г. 3. а. 4. б

Текст 2.4.1

ТЕСТ. 1. б. 2. в. 3. а. 4. б. 5. а. 6. а. 7. в. 8. б

Задание 1. **испытание** *Синонимы* эксперимент / опыт; **почёт** *Синоним:* уважение *Антоним:* презрение, **стадия** *Синоним:* этап; **щенок** *Синоним:* собака; **привлекательный** *Синоним:* симпатичный *Антоним:* неприятный; **внешне** *Синоним:* снаружи *Антоним:* внутренне; **запустить** *Синоним:* отправить *Антоним:* вернуть; **питаться** *Синоним:* есть *Антоним:* голодать; **делать ставку** *Синоним:* считать перспективным *Антоним:* признать бесперспективным

Задание 2. предположение, обучение (животных), теплообмен, опыт

Задание 3. заместитель директора; кровь / нести; сухой / путь; четыре / нога

Задание 4. 1. ж. 2. д. 3. г. 4. б. 5. з. 6. а. 7. в. 8. е

Текст 2.4.2

ТЕСТ. 1. Нет. 2. Да. 3. Да. 4. Нет

Текст 2.5.1

ТЕСТ. 1. а. 2. б. 3. в. 4. а. 5. а. 6. б. 7. в. 8. б

Задание 1. **праправнучка** *Синоним:* потомок *Антоним:* предок; **представление** *Синоним:* мнение; **сетовать** *Синоним:* жаловаться *Антоним:* хвалиться; **учитывать** *Синоним:* принимать во внимание *Антоним:* пренебрегать; **глобально** *Синоним:* полностью *Антоним:* частично; **прямой эфир** *Синонимы:* онлайн / прямое включение *Антоним:* запись; **кто угодно** *Синоним:* любой *Антоним:* избранный

Задание 2. приключение, мероприятие, мировоззрение, выдумка, руководитель, размер / величина, действующее лицо, страница (в Интернете), передача / показ; современный / своевременный; подвести итог

Задание 3. взаимные / отношения; лёд / колоть; очи / видно; Всероссийская государственная телерадиокомпания; международная космическая станция

Задание 4. 1. ж. 2. г. 3. д. 4. а. 5. е. 6. б. 7. в

Текст 2.5.2

ТЕСТ. 1. Нет. 2. Да. 3. Нет. 4. Нет

ЛЕКСИКО-ГРАММАТИЧЕСКИЙ ТЕСТ ⚷

ЧАСТЬ 1

В заданиях 1–25 выберите правильный вариант ответа и отметьте его в рабочей матрице.

1. Какая … на нашу экономику!	(А) загрузка (Б) перезагрузка (В) перегрузка (Г) нагрузка
2. Важным этапом в карьере певца стала … песни «Мой друг».	(А) запись (Б) подпись (В) роспись (Г) опись
3. … на участие в проекте мог подать кто угодно.	(А) Заявление (Б) Заявку (В) Запись (Г) Записку
4. … космонавтов ведётся по специальной методике.	(А) Сбор (Б) Перебор (В) Выбор (Г) Отбор
5. Известнейшие фабрики открыли … на свои производства.	(А) вход (Б) дверь (В) доступ (Г) канал
6. Толстая вспомнила, что на … в редакции чтение романа сравнивали с трансляцией Олимпиады.	(А) сборищах (Б) митингах (В) совещаниях (Г) демонстрациях
7. У меня, как у … читателя, своё представление о романе.	(А) любого (Б) другого (В) разного (Г) иного
8. Белка и Стрелка — первые собаки, вернувшиеся из космоса … .	(А) невредимыми (Б) невредными (В) не вредящими (Г) неповреждёнными
9. В целом это … практика.	(А) мирная (Б) мирская (В) мировая (Г) миролюбивая
10. «Газета.Ru» вспоминает другие случаи, когда известные … спортсмены не стеснялись хвастать вокальными данными.	(А) отечественные (Б) отеческие (В) отчие (Г) отцовские

11. Результаты пилотных проектов оказались … .	(А) впечатлёнными (Б) впечатлительными (В) впечатляющими (Г) впечатлившими
12. Власти пытаются … внутренний туризм на новый уровень.	(А) вывести (Б) ввести (В) увести (Г) завести
13. Мы уже выяснили, что ставку надо … на разведение рыб.	(А) давать (Б) делать (В) проводить (Г) ставить
14. Остаток жизни четвероногие космонавты … в славе и почёте.	(А) прошли (Б) провели (В) пролетели (Г) проползли
15. В детстве я … песнями этой группы.	(А) вслушивался (Б) прислушивался (В) заслушивался (Г) наслушался
16. Москву надо не расширять, а … .	(А) подселить (Б) заселять (В) расселять (Г) селить
17. Достаточно снять на видео чтение отрывка из книги и … несложную анкету.	(А) подписать (Б) сделать (В) сдать (Г) заполнить
18. Спортсмены … приз группе «Каста».	(А) обручили (Б) ручались (В) приручили (Г) вручили
19. Собаки лучше … дрессировке.	(А) поддаются (Б) удаются (В) сдаются (Г) предаются
20. На матче звёзд хоккеист … оперную арию.	(А) дополнил (Б) наполнил (В) выполнил (Г) исполнил
21. Такое мнение … на Красноярском экономическом форуме миллиардер, владелец компании «Русал» Олег Дерипаска.	(А) доказал (Б) высказал (В) наказал (Г) подсказал

22. Отдельные страницы прочитают космонавты на МКС и моряки на атомном ледоколе «Вайгач» — правда, как призналась Фёкла Толстая, эти записи были получены … .	(А) заранее (Б) раньше (В) рано (Г) пораньше

ЧАСТЬ 2

В заданиях 23–40 выберите правильный вариант ответа и отметьте его в рабочей матрице.

23. … выбирали из двенадцати претендентов.	(А) Им (Б) Их (В) С ними (Г) Из них
24. … предстояло появиться на первых полосах мировых СМИ.	(А) Их фотографиями (Б) Их фотографиям (В) Их фотографий (Г) Их фотографией
25. … можно подобрать терпеливых.	(А) Среди них (Б) У них (В) Около них (Г) За ними
26. Всего … более 5 тысяч анкет.	(А) было принято (Б) принялись (В) были принятыми (Г) были принимаемы
27. А лучше всего, как установили учёные, в невесомости … мухам-дрозофилам.	(А) жили (Б) живёт (В) живут (Г) живётся
28. Газета вспоминает случаи, когда известные спортсмены не … хвастаться своими талантами.	(А) стесняются (Б) стеснялись (В) стеснятся (Г) будут стесняться
29. После полёта в космос организм … к размножению.	(А) способный (Б) способен (В) был способным (Г) будет способный
30. Хоккеисты сборной России — ребята … .	(А) веселы (Б) были весёлые (В) весёлые (Г) были веселы
31. О дружбе футболиста и солиста группы «Руки вверх» … всем.	(А) известно (Б) известна (В) известны (Г) известен

32. В жизни всё гораздо … .	(А) сложно (Б) сложнее (В) сложное (Г) сложна
33. Наша дружба становится всё … .	(А) более-менее (Б) меньше и меньше (В) больше и больше (Г) более и более
34. Хоккеиста и певицу … дружеские отношения.	(А) связывают (Б) связали
35. «Война и мир» — очень современная история, — … Светлана Бондарчук.	(А) считает (Б) посчитала
36. Мы проводили эксперименты, чтобы … , как влияет невесомость на организм.	(А) понимать (Б) понять
37. Первым собакам-космонавтам предстояло … всемирную известность.	(А) получать (Б) получить
38. … и география проекта.	(А) обширная (Б) обширна
39. Проект оказался настолько популярным, что на некоторые экскурсии просто невозможно было … .	(А) попадать (Б) попасть
40. Один из руководителей говорил, что ожидаемого результата в ходе проекта … не удалось.	(А) добиваться (Б) добиться

ЧАСТЬ 3

В заданиях 41–63 выберите правильный вариант ответа и отметьте его в рабочей матрице.

41. Приглашать к себе туристов стали предприятия … товаров народного потребления.	(А) к выпуску (Б) выпуска (В) с выпуском (Г) по выпуску
42. В Москве … городских властей была запущена программ «День без турникетов».	(А) с поддержкой (Б) по поддержке (В) из поддержки (Г) при поддержке
43. Многие спортсмены не чужды … .	(А) в музыке (Б) с музыкой (В) музыке (Г) для музыки
44. Бывало, что сотрудники … забирали собак себе домой.	(А) от жалости (Б) с жалости (В) из жалости (Г) для жалости

45. Учёные выяснили, что после полёта в космос организм способен … .	(А) с размножением (Б) от размножения (В) для размножения (Г) к размножению
46. Доступ туристов … открыли известнейшие фабрики.	(А) у своих производств (Б) из своих производств (В) на свои производства (Г) к своим производствам
47. Власти страны пытаются вывести внутренний туризм … .	(А) в новый уровень (Б) на новый уровень (В) к новому уровню (Г) на новом уровне
48. Вот и в романе нет … , который очевидно ужасный или очевидно прекрасный.	(А) никакого персонажа (Б) одного персонажа (В) не одного персонажа (Г) ни одного персонажа
49. Так и случилось недавно, когда спортсмены исполнили песню «Команда молодости нашей» … .	(А) в одном из заведений (Б) в одно из заведений (В) в одно заведение (Г) одно из заведений
50. В те годы велись споры, кого из животных лучше запустить … .	(А) с первым космическим полётом (Б) в первом космическом полёте (В) на первый космический полёт (Г) в первый космический полёт
51. Полузащитник сборной России по футболу спел для своей жены в качестве подарка … .	(А) в тридцать лет (Б) на тридцать лет (В) на тридцатилетие (Г) к тридцати годам
52. Читать четыре тома «Войны и мира» будут более … человек.	(А) тысячи трёхсот (Б) тысячи триста (В) тысячу трёхсот (Г) тысяча триста
53. Россия даст Сибири столицу, а Сибирь России — динамику развития … .	А) через двести лет (Б) двумястами лет вперёд (В) двухсот лет (Г) лет на двести вперёд
54. Мы … должны даже учитывать, как летают спутники, потому что через них идёт сигнал.	(А) перед трансляцией (Б) во время трансляции (В) после трансляции (Г) за время трансляции
55. К сожалению, его спортивная карьера пошла … .	(А) через спад (Б) в спад (В) к спаду (Г) на спад

56. Сейчас … промышленности ситуация резко изменилась.	(А) перед восстановлением (Б) во время восстановления (В) при восстановлении (Г) с восстановлением
57. … космонавтики проводили много экспериментов над животными.	(А) С зарёй (Б) С зарёю (В) На заре (Г) От зари
58. Это авантюра и в технологическом отношении — почти 60 часов прямого эфира … .	А) на четверо суток (Б) четверо суток (В) в течение четырёх суток (Г) через четверо суток
59. … возвращения с орбиты Стрелка принесла потомство, у неё родились шесть щенят.	(А) Через несколько месяцев с (Б) За несколько месяцев после (В) Через несколько месяцев до (Г) Через несколько месяцев после
60. Вспоминают его всё чаще только … великолепно 'O Sole Mio.	(А) благодаря исполненной (Б) по поводу исполненной (В) через исполненную (Г) поскольку исполнена
61. Мы в конце концов от обезьян отказались. Собаки … могут находиться в одной позе сутками.	(А) уже (Б) наконец (В) же (Г) к примеру
62. … эти спортсмены не стесняются петь вместе.	(А) К случаю (Б) При случае (В) В случае (Г) На случай
63. Мы приняли решение … там Олимпиаду.	(А) проводим (Б) для проведения (В) провести (Г) на проведение

88

М.Н. Макова, О.А. Ускова. В мире людей. Выпуск 3. Часть 1. Чтение. Говорение

ЧАСТЬ 4

В заданиях 64–70 выберите правильный вариант ответа и отметьте его в рабочей матрице.

64. Места в группах заканчивались в … часы после начала записи.	(А) считаемые (Б) считавшиеся (В) считающиеся (Г) считанные
65. 19 августа 1960 года в космос отправились собаки Белка и Стрелка, первые животные, … из космоса невредимыми.	(А) возвращающиеся (Б) вернувшиеся (В) возвращённые (Г) вернувшие
66. Спортсмены вручили награду группе, … в номинации «лучший хип-хоп-проект».	(А) победившей (Б) побеждающей (В) побеждённой (Г) побеждена
67. Читая классику, …, что люди не меняются.	(А) понимаемую (Б) становится понятно (В) понимаешь (Г) понимающий
68. Это дорога, … страну от края до края.	(А) связываемая (Б) связана (В) связанная (Г) связывающая
69. Каждый раз, … к Москве, я задумываюсь: что эти люди там делают?	(А) подлетая (Б) подлетевший (В) подлетаю (Г) подлетев
70. Таким незамысловатым образом подростков исподволь заманивали в профильные ПТУ, … решить проблему дефицита рабочих кадров.	(А) постаравшись (Б) стараясь (В) старавшиеся (Г) старающиеся

В заданиях 71–74 установите синонимические соответствия между выделенными конструкциями и вариантами ответа. Отметьте свой выбор в рабочей матрице.

71. Как сетовал **в беседе** с «Эксперт Online» руководитель предприятия, привлечь рабочих в ходе проекта не удалось.	(А) побеседовавший (Б) побеседовав (В) беседуя (Г) беседовав
72. Эти записи **были получены** заранее.	(А) получают (Б) получали (В) получили (Г) получат

73. **Казалось**, вместе с крахом СССР канули в лету и времена пионерских экс-курсий на заводы.	(А) Считали, что (Б) Предупреждали, что (В) Опасались, что (Г) Очевидно
74. **Вслед за пищевиками** посетителей начали приглашать к себе и все остальные производства.	(А) Идя за пищевиками (Б) Повторяя пищевиков (В) Догоняя пищевиков (Г) Взяв пример с пищевиков

ЧАСТЬ 5

В заданиях 75–80 выберите правильный вариант ответа и отметьте его в рабочей матрице.

75. Взаимоотношения людей, тонкие настройки, даже мировое устройство … похожи.	(А) в частности (Б) в конце (В) в итоге (Г) в целом
76. По его признанию, пением он занимался с детства и продолжает петь … .	(А) до тех пор (Б) до сих пор (В) до этих пор (Г) с тех пор
77. … успешного примера такой тактики Дерипаска назвал Олимпиаду в Сочи.	(А) В результате (Б) Вследствие (В) В случае (Г) В качестве
78. … новую столицу, возможно, имеет смысл заложить недалеко от озера Байкал.	(А) В связи с этим (Б) Потому что (В) В результате этого (Г) В любом случае
79. Расчёт был очевиден: бесплатное продвижение бренда, а для небольших производств … дополнительный канал сбыта.	(А) тоже и (Б) ещё и (В) а также (Г) тоже
80. Впоследствии Михаил … радовал одноклубников своими талантами.	(А) ещё ни разу (Б) ещё раз (В) раз за разом (Г) ещё не раз
81. … , в общем, тоже неплохо, так как формирует положительный имидж заводов и фабрик.	(А) Нечто (Б) Ничто (В) Что бы (Г) Что
82. Трек получился любопытным, и Дмитрий … стеснялся.	(А) нисколько не (Б) несколько не (В) сколько не (Г) сколько ни

90

М.Н. Макова, О.А. Ускова. В мире людей. Выпуск 3. Часть 1. Чтение. Говорение

83. Футболист Аршавин в любви к пению … .	(А) никогда не был не замеченным (Б) некогда замечен не был (В) некогда был не замечен (Г) никогда замечен не был
84. Главные цели экскурсий походят на … , … преследовались в советские времена, — заманить на работу молодёжь.	(А) такие, какие (Б) те, которые (В) те, каких (Г) тех, которые
85. Это отчасти авантюрный проект — … , кажется, никто не делал подобного.	(А) в том смысле, когда (Б) в том смысле, чтобы (В) в том смысле, как (Г) в том смысле, что
86. Есть иллюзия, … мы глобально меняемся.	(А) как (Б) когда (В) что (Г) о том, что
87. У меня получилось не слишком профессионально, … все остались довольны.	(А) но и (Б) к тому же (В) но (Г) кроме того
88. Хоккеист пел так, … занимался этим всю жизнь.	(А) хотя (Б) будто (В) так как (Г) как
89. Российским властям стоит подумать о переносе столицы страны из Москвы в Сибирь, … они хотят успешно развивать этот регион.	(А) когда (Б) что (В) почему (Г) если
90. Было много вопросов: как будет происходить терморегуляция организма? … нервная система?	(А) Если повредится (Б) Не повредится ли (В) Или повредится (Г) Если не повредится
91. Эксперименты над животными проводили прежде всего … понять, как влияет невесомость на организм.	(А) для тех, кто (Б) с тем, что (В) к тому, что (Г) для того, чтобы
92. Южная Сибирь — от западной до восточной её части — как раз … для размещения здесь столицы страны.	(А) то, что надо (Б) что надо (В) что нужно (Г) то, что стоит
93. … , понимаешь, что это не люди меняются, просто появились айфоны, а у людей как были три цвета глаз, так и осталось всё.	(А) Если читаешь классику (Б) Когда читаешь классику (В) Поскольку читаешь классику (Г) Хотя читаешь классику

94. Все они были здоровыми, … .	(А) но что обрадовало учёных (Б) чтобы обрадовало учёных (В) что обрадовало учёных (Г) что и обрадовало учёных
95. Поначалу заманивать к себе туристов стали, …, пищевые предприятия.	(А) видимо (Б) таким образом (В) кажется (Г) главным образом

В заданиях 96–100 представлены примеры публицистического стиля. Выберите правильный вариант ответа и отметьте его в рабочей матрице

96. … 1200 человек посетили Клинский район с целью промышленного туризма в 2015 году», — сообщила глава муниципального района Подмосковья Алена Сокольская.	(А) В среднем (Б) Порядком (В) Порядка (Г) Приближённо
97. Чтобы развивать юг России, … провести там Олимпиаду.	(А) договорились (Б) решились (В) согласились (Г) было принято решение
98. Сегодня 75 % перевозок … через Москву, и, чтобы из Якутска попасть в Читу, приходится ехать через Москву.	(А) провозится (Б) осуществляется (В) проводится (Г) происходит
99. … о проекте, который в 2009 году запустило пивоваренное предприятие — производственный комплекс.	(А) Речь идёт (Б) Говорится (В) Обсуждают (Г) Высказано
100. 19 августа 1960 года в космос … собаки Белка и Стрелка.	(А) поехали (Б) запустили (В) отправились (Г) направили

РАБОЧАЯ МАТРИЦА

1	А	Б	В	Г
2	А	Б	В	Г
3	А	Б	В	Г
4	А	Б	В	Г
5	А	Б	В	Г
6	А	Б	В	Г
7	А	Б	В	Г
8	А	Б	В	Г
9	А	Б	В	Г
10	А	Б	В	Г
11	А	Б	В	Г
12	А	Б	В	Г
13	А	Б	В	Г
14	А	Б	В	Г
15	А	Б	В	Г
16	А	Б	В	Г
17	А	Б	В	Г
18	А	Б	В	Г
19	А	Б	В	Г
20	А	Б	В	Г
21	А	Б	В	Г
22	А	Б	В	Г
23	А	Б	В	Г
24	А	Б	В	Г
25	А	Б	В	Г

26	А	Б	В	Г
27	А	Б	В	Г
28	А	Б	В	Г
29	А	Б	В	Г
30	А	Б	В	Г
31	А	Б	В	Г
32	А	Б	В	Г
33	А	Б	В	Г
34	А	Б	В	Г
35	А	Б	В	Г
36	А	Б	В	Г
37	А	Б	В	Г
38	А	Б	В	Г
39	А	Б	В	Г
40	А	Б	В	Г
41	А	Б	В	Г
42	А	Б	В	Г
43	А	Б	В	Г
44	А	Б	В	Г
45	А	Б	В	Г
46	А	Б	В	Г
47	А	Б	В	Г
48	А	Б	В	Г
49	А	Б	В	Г
50	А	Б	В	Г

2. Поисково-просмотровое чтение

51	А	Б	В	Г	**76**	А	Б	В	Г
52	А	Б	В	Г	**77**	А	Б	В	Г
53	А	Б	В	Г	**78**	А	Б	В	Г
54	А	Б	В	Г	**79**	А	Б	В	Г
55	А	Б	В	Г	**80**	А	Б	В	Г
56	А	Б	В	Г	**81**	А	Б	В	Г
57	А	Б	В	Г	**82**	А	Б	В	Г
58	А	Б	В	Г	**83**	А	Б	В	Г
59	А	Б	В	Г	**84**	А	Б	В	Г
60	А	Б	В	Г	**85**	А	Б	В	Г
61	А	Б	В	Г	**86**	А	Б	В	Г
62	А	Б	В	Г	**87**	А	Б	В	Г
63	А	Б	В	Г	**88**	А	Б	В	Г
64	А	Б	В	Г	**89**	А	Б	В	Г
65	А	Б	В	Г	**90**	А	Б	В	Г
66	А	Б	В	Г	**91**	А	Б	В	Г
67	А	Б	В	Г	**92**	А	Б	В	Г
68	А	Б	В	Г	**93**	А	Б	В	Г
69	А	Б	В	Г	**94**	А	Б	В	Г
70	А	Б	В	Г	**95**	А	Б	В	Г
71	А	Б	В	Г	**96**	А	Б	В	Г
72	А	Б	В	Г	**97**	А	Б	В	Г
73	А	Б	В	Г	**98**	А	Б	В	Г
74	А	Б	В	Г	**99**	А	Б	В	Г
75	А	Б	В	Г	**100**	А	Б	В	Г

КОНТРОЛЬНАЯ МАТРИЦА

№	А	Б	В	Г
1	А	Б	В	**Г**
2	**А**	Б	В	Г
3	А	**Б**	В	Г
4	А	Б	В	**Г**
5	А	Б	**В**	Г
6	А	Б	**В**	Г
7	**А**	Б	В	Г
8	**А**	Б	В	Г
9	А	Б	**В**	Г
10	**А**	Б	В	Г
11	А	Б	**В**	Г
12	**А**	Б	В	Г
13	А	**Б**	В	Г
14	А	**Б**	В	Г
15	А	Б	**В**	Г
16	А	Б	**В**	Г
17	А	Б	В	**Г**
18	А	Б	В	**Г**
19	**А**	Б	В	Г
20	А	Б	В	**Г**
21	А	**Б**	В	Г
22	**А**	Б	В	Г
23	А	**Б**	В	Г
24	А	**Б**	В	Г
25	**А**	Б	В	Г

№	А	Б	В	Г
26	**А**	Б	В	Г
27	А	Б	В	**Г**
28	А	**Б**	В	Г
29	А	**Б**	В	Г
30	А	Б	**В**	Г
31	**А**	Б	В	Г
32	А	**Б**	В	Г
33	А	Б	**В**	Г
34	**А**	Б	В	Г
35	**А**	Б	В	Г
36	А	**Б**	В	Г
37	А	**Б**	В	Г
38	А	**Б**	В	Г
39	А	**Б**	В	Г
40	А	**Б**	В	Г
41	А	Б	В	**Г**
42	А	Б	В	**Г**
43	А	Б	**В**	Г
44	А	Б	**В**	Г
45	А	Б	В	**Г**
46	А	Б	**В**	Г
47	А	**Б**	В	Г
48	А	Б	В	**Г**
49	**А**	Б	В	Г
50	А	Б	В	**Г**

М.Н. Макова, О.А. Ускова. В мире людей. Выпуск 3. Часть 1. Чтение. Говорение

95

51	А	Б	**В**	Г
52	**А**	Б	В	Г
53	А	Б	В	**Г**
54	А	**Б**	В	Г
55	А	Б	В	**Г**
56	А	Б	В	**Г**
57	А	Б	**В**	Г
58	А	Б	**В**	Г
59	А	Б	В	**Г**
60	**А**	Б	В	Г
61	А	Б	**В**	Г
62	А	**Б**	В	Г
63	А	Б	**В**	Г
64	А	Б	В	**Г**
65	А	**Б**	В	Г
66	**А**	Б	В	Г
67	А	Б	**В**	Г
68	А	Б	В	**Г**
69	**А**	Б	В	Г
70	А	**Б**	В	Г
71	А	Б	**В**	Г
72	А	Б	**В**	Г
73	**А**	Б	В	Г
74	А	Б	В	**Г**
75	А	Б	В	**Г**

76	А	Б	В	Г
77	А	Б	В	Г
78	А	Б	В	Г
79	А	Б	В	Г
80	А	Б	В	Г
81	А	Б	В	Г
82	А	Б	В	Г
83	А	Б	В	Г
84	А	Б	В	Г
85	А	Б	В	Г
86	А	Б	В	Г
87	А	Б	В	Г
88	А	Б	В	Г
89	А	Б	В	Г
90	А	Б	В	Г
91	А	Б	В	Г
92	А	Б	В	Г
93	А	Б	В	Г
94	А	Б	В	Г
95	А	Б	В	Г
96	А	Б	В	Г
97	А	Б	В	Г
98	А	Б	В	Г
99	А	Б	В	Г
100	А	Б	В	Г

3 ИЗУЧАЮЩЕЕ ЧТЕНИЕ

ТЕКСТ 3.1.1

Объём текста: 622 слова (5% незнакомых слов).
Время выполнения задания: 30 мин.

Задание **Будущее человечества, перспективы развития общества, место России в мире — вечные проблемы, которые пытаются решить интеллектуалы. Прочитайте отрывок из романа Бориса Акунина, действие которого происходит в 1878 году, а главный герой — титулярный советник Эраст Петрович Фандорин — состоит на дипломатической службе. Закончите предложения, данные после текста, выберите правильный вариант.** ⎯→

АЛМАЗНАЯ КОЛЕСНИЦА

Город Токио показался Эрасту Петровичу удивительно похожим на родную Москву. То есть, разумеется, архитектура была совсем другая, но чередование лачуг и дворцов, тесных улиц и пустырей было совершенно московским, а новомодная улица Гиндза с аккуратными кирпичными домами была точь-в-точь как чопорная Тверская, изо всех сил стремящаяся прикинуться Невским проспектом.

Титулярный советник всё выглядывал из окошка, рассматривая причудливое смешение японских и западных одежд, причёсок, колясок. Доронин же устало смотрел в обитую бархатом стенку, речи консула были унылы.

— Гибель России в её правителях. Как сделать, чтоб правили те, у кого к этому талант и призвание, а не те, у кого амбиции и связи? А другая наша беда, Фандорин, в том, что Россия-матушка повернута лицом на Запад, а спиной на Восток. При этом Западу мы упираемся носом в задницу, потому что Западу на нас наплевать. А беззащитный деррьер подставляем Востоку, и рано или поздно в наши дряблые ягодицы непременно вопьются острые японские зубы.

— Что же делать? — спросил Эраст Петрович, провожая взглядом двухэтажный омнибус, запряжённый четвёркой низкорослых лошадей. — Отворотиться от Запада к Востоку? Вряд ли это возможно.

— Наш орёл затем и двуглавый, чтобы одна его башка смотрела на Запад, а вторая — на Восток. Нужно, чтобы и столиц было две. Да вторая не в Москве, а во Владивостоке. Вот тогда мы с англичанами поспорили бы, кому править на Тихом океане.

— Но я читал, что Владивосток — чудовищная дыра, просто деревня!

— Что с того? Петербург и деревней-то не был, когда Пётр простёр руку и сказал: «Природой здесь нам суждено в Европу прорубить окно». А тут и название соответствующее: Владей Востоком.

Разговор принимал настолько важное направление, что Фандорин перестал глазеть в окошко и оборотился к консулу.

— Всеволод Витальевич, а зачем владеть чужими землями, если и в своих собственных никак не можешь навести порядок?

Доронин усмехнулся:

— Правы, тысячу раз правы. Никакое завоевание не будет прочным, если собственный дом шаток. Только ведь это не одной России касается. У её величества королевы Виктории дом тоже на курьих ножках стоит. Ни нам, ни британцам Земля принадлежать не будет. Потому что мы её неправильно завоёвываем — силой. А сила, Фандорин, самый слабый и недолговечный из инструментов. Побеждённый ей, конечно, покорится, но будет лишь ждать момента, чтобы освободиться. Все европейские завоевания в Африке и Азии ненадолго. Через пятьдесят, много сто лет колоний не останется. Да и у японского тигра ни черта не выйдет — не у тех учителей учится.

— А у кого же им следует учиться?

— У китайцев. Ну, не у императрицы Цы Си, разумеется, а у китайской неторопливости и основательности. Жители Поднебесной не тронутся с места, пока не наведут у себя порядок, а это дело долгое, лет на двести. Зато потом, когда китайцам сделается тесно, они покажут миру, что такое настоящее завоевание. Они не будут греметь оружием и отправлять за границу экспедиционные корпуса. О нет! Они покажут другим странам, что жить по-китайски лучше и разумнее. И тогда другие народы сами пожелают жить по-китайски. И постепенно все станут китайцами, пускай на это уйдёт ещё несколько поколений.

— А я думаю, что весь мир завоюют американцы, — сказал Эраст Петрович. — И произойдёт это самое позднее через сто лет. В чём сила американцев? В том, что они принимают к себе всех. Кто захотел, тот и американец, даже если раньше был ирландцем, евреем или

М.Н. Макова, О.А. Ускова. В мире людей. Выпуск 3. Часть 1. Чтение. Говорение

99

русским. Будут Соединённые Штаты Земли, вот увидите.

— Вряд ли. Американцы, конечно, ведут себя умнее, чем европейские монархии, но им не хватит терпения. Они тоже западного корня, а на Западе люди слишком много значения придают времени. На самом же деле никакого времени не существует, нет никакого «завтра», есть только вечное «сейчас». Объединение мира — дело медленное, но куда, собственно, спешить? Никаких Соединённых Штатов Земли не получится, будет одна Поднебесная, и тогда наступит всеобщая гармония. Слава богу, мы с вами этого земного рая не увидим.

На этой меланхолической ноте разговор о будущем человечества прервался — карета остановилась у здания вокзала.

1. Беседа дипломатов происходит во время того, как они … .
   а) гуляют по Тверской
   б) катаются по Невскому
   в) едут по улице Гинза

2. Токио напомнил Фандорину Москву … .
   а) оригинальной архитектурой
   б) контрастом соседствующих зданий
   в) модной одеждой горожан

3. Консул Доронин оценивает перспективы Российской империи … .
   а) восторженно
   б) скептически
   в) реально

4. Консул считает, что внешняя политика России должна … .
   а) ориентироваться на Запад
   б) учитывать интересы восточных стран
   в) быть сбалансированной

5. Идея консула о второй столице во Владивостоке … .
   а) вызвала недоумение Фандорина
   б) шокировала собеседника
   в) нашла поддержку у советника

6. Территориальные завоевания — это путь расширения… .
   а) европейских монархий
   б) Соединённых Штатов Америки
   в) китайского государства

7. По мнению Доронина, для завоевания мира у китайцев … .
   а) нет шансов
   б) имеется сильная армия
   в) есть все возможности

8. С точки зрения советника, будущее человечества определяет Америка … .
   а) в результате политики толерантности
   б) благодаря идее всеобщего братства
   в) вследствие своей исключительности

9. Модель будущего мироустройства вызывает у Доронина … .
   а) резкое отрицание
   б) положительное отношение
   б) полное безразличие

10. Беседа дипломатов закончилась тем, что … .
    а) они пришли к общему мнению
    б) каждый остался при своём мнении
    в) собеседники поссорились

Активизация языковых и речевых навыков

Задание 1. **Объясните значение следующих слов и выражений:**

Тверская, Невский проспект, Поднебесная, Ваше величество, консул, титулярный советник

Задание 2. **Приведите синонимы/ антонимы следующих слов и выражений:** ⸺

рай, дряблый, причудливый, прочный, тесный, унылый, чопорный, чудовищный, покориться, непременно, точь-в-точь, разумеется, греметь оружием, ни черта не выйдет

Задание 3. **Укажите, из каких слов образованы следующие сложные слова:** ⸺

Владивосток, двуглавый, двухэтажный, недолговечный, низкорослый, новомодный

Задание 4. **Найдите однокоренные слова:** ⸺

1. основательность
2. правитель
3. пустырь
4. чередование
5. беззащитный
6. выглядывать
7. глазеть
8. усмехнуться

а. взгляд
б. защита
в. основа
г. пустой
д. глаз
е. очередь
ж. смех
з. править

Задание 5. **а) Объясните разницу в значении следующих слов:**

провинция — глушь — дыра;
голова — глава — башка;
жилище — дом — дворец — лачуга — избушка (дом) на курьих ножках;
транспорт — машина — автомобиль — карета — коляска — омнибус

б) Составьте предложения с этими словами.

Задание 6. **Передайте смысл данных предложений и микротекстов другими словами.**

1. Новомодная улица Гиндза с аккуратными кирпичными домами была точь-в-точь как чопорная Тверская, изо всех сил стремящаяся прикинуться Невским проспектом.

2. Западу мы упираемся носом в задницу, потому что Западу на нас наплевать.

3. Постепенно все станут китайцами, пускай на это уйдёт ещё несколько поколений.

4. Через пятьдесят, много сто лет колоний не останется. Да и у японского тигра ни черта не выйдет — не у тех учителей учится.

5. Американцы, конечно, ведут себя умнее, чем европейские монархии, но им не хватит терпения. Они тоже западного корня, а на Западе люди слишком много значения придают времени.

6. — Но я читал, что Владивосток — чудовищная дыра, просто деревня!

— Что с того? Петербург и деревней-то не был, когда Пётр простёр руку и сказал: «Природой здесь нам суждено в Европу прорубить окно».

7. Никаких Соединённых Штатов Земли не получится, будет одна Поднебесная, и тогда наступит всеобщая гармония. Слава богу, мы с вами этого земного рая не увидим.

Задание 7. **Вы принимаете участие в беседе о ситуации в современном мире на тему «Что делать?».**

Ваша задача:

— высказать своё мнение, уточнить и обосновать его;

— согласиться или опровергнуть мнение собеседника, привести свои аргументы;

— привести примеры, например прокомментировать мнение одного из персонажей текста:

«Никакое завоевание не будет прочным, если собственный дом шаток. Только ведь это не одной России касается. У её величества королевы Виктории дом тоже на курьих ножках стоит. Ни нам, ни британцам Земля принадлежать не будет»).

— привести сравнения, например прокомментировать высказывания героев текста:

«Они покажут другим странам, что жить по-китайски лучше и разумнее. И тогда другие народы сами пожелают жить по-китайски».

«В чём сила американцев? В том, что они принимают к себе всех. Кто захотел, тот и американец, даже если раньше был ирландцем, евреем или русским. Будут Соединённые Штаты Земли, вот увидите».

— выразить оценочное осуждение.

*ТРКИ-2/ Говорение, задание 15.

102

М.Н. Макова, О.А. Ускова. В мире людей. Выпуск 3. Часть 1. Чтение. Говорение

ТЕКСТ 3.1.2

Объем текста: 565 слов.
Время выполнения задания: 30 мин.

Задание Проблемы общественного устройства, роль столицы и регионов, мегаполисов и маленьких городов в жизни страны неизбежно отражаются на взаимоотношениях людей. **Прочитайте отрывок из романа Ивана Гончарова. Закончите предложения, данные после текста, выберите правильный вариант.** ⛱

ОБЫКНОВЕННАЯ ИСТОРИЯ

Тяжелы первые впечатления провинциала в Петербурге. Ему дико, грустно; его никто не замечает; он потерялся здесь; ни новости, ни разнообразие, ни толпа не развлекают его. Провинциальный эгоизм его объявляет войну всему, что он видит здесь и чего не видел у себя. Он задумывается и мысленно переносится в свой город. Какой отрадный вид! От церквей домы отступили на почтительное расстояние. Кругом их растёт густая трава, лежат надгробные плиты. Присутственные места — так и видно, что присутственные места: близко без надобности никто не подходит. А тут, в столице, их и не отличишь от простых домов, да ещё, срам сказать, и лавочка тут же в доме. А пройдёшь там, в городе, две, три улицы, уж и чуешь вольный воздух, начинаются плетни, за ними огороды, а там и чистое поле с яровым. А тишина, а неподвижность, а скука — и на улице и в людях тот же благодатный застой! И все живут вольно, нараспашку, никому не тесно; даже куры и петухи свободно расхаживают по улицам, козы и коровы щиплют траву, ребятишки пускают змей.

А здесь… какая тоска! И провинциал вздыхает, и по заборе, который напротив его окон, и по пыльной и грязной улице, и по тряскому мосту, и по вывеске на питейной конторе. Ему противно сознаться, что Исаакиевский собор лучше и выше собора в его городе, что зала Дворянского собрания больше залы тамошней. Он сердито молчит при подобных сравнениях, а иногда рискнёт сказать, что такую-то материю или такое-то вино можно у них достать и лучше и дешевле, а что на заморские редкости, этих больших раков и раковин, да красных рыбок, там и смотреть не станут, и что вольно, дескать, вам покупать у иностранцев разные материи да безделушки; они обдирают вас, а вы и рады быть олухами! Зато, как он вдруг обрадуется, как посравнит да увидит, что у него в городе лучше икра, груши или кала-

чи. «Так это-то называется груша у вас? — скажет он, — да у нас это и люди не станут есть!..»

Ещё более взгрустнётся провинциалу, как он войдёт в один из этих домов с письмом издалека. Он думает, вот отворятся ему широкие объятия, не будут знать, как принять его, где посадить, как угостить; станут искусно выведывать, какое его любимое блюдо, как ему станет совестно от этих ласк, как он, под конец, бросит все церемонии, расцелует хозяина и хозяйку, станет говорить им «ты», как будто двадцать лет знакомы, все подопьют наливочки, может быть, запоют хором песню…

Куда! на него едва глядят, морщатся, извиняются занятиями; если есть дело, так назначают такой час, когда не обедают и не ужинают, а адмиральского часу вовсе не знают — ни водки, ни закуски. Хозяин пятится от объятий, смотрит на гостя как-то странно. В соседней комнате звенят ложками, стаканами: тут-то бы и пригласить, а его искусными намёками стараются выпроводить… Всё назаперти, везде колокольчики: не мизерно ли это? да какие-то холодные, нелюдимые лица. А там, у нас, входи смело; если отобедали, так опять для гостя станут обедать; самовар утром и вечером не сходит со стола, а колокольчиков и в магазинах нет. Обнимаются, целуются все, и встречный и поперечный. Сосед там — так настоящий сосед, живут рука в руку, душа в душу; родственник — так родственник: умрёт за своего… эх, грустно!

Александр добрался до Адмиралтейской площади и остолбенел. Он с час простоял перед Медным всадником, но не с горьким упрёком в душе, как бедный Евгений, а с восторженной думой. Взглянул на Неву, окружающие её здания — и глаза его засверкали. Он вдруг застыдился своего пристрастия к тряским мостам, палисадникам, разрушенным заборам.

1. Герой романа Александр … .
   а) коренной петербуржец
   б) впервые приехал в столицу
   в) давно перебрался в Петербург

2. Приехав в Петербург, провинциал ожидает … .
   а) горячего приёма
   б) холодного отношения
   в) жалостливого участия

3. Мнения столичных жителей и провинциалов о жизни в провинции … .
   а) полностью совпадают
   б) частично расходятся
   в) диаметрально противоположны

4. Провинциал, когда сравнивают Петербург с его родным городом, … .
   а) сердится на жителей столицы
   б) стыдится своих земляков
   в) смущается своей провинциальности

5. Провинция выгодно отличается от столицы … .
   а) помпезностью зданий
   б) простотой нравов
   в) низкими ценами

6. В отношениях с иностранцами жители столицы выглядят, с точки зрения провинциала, … .
   а) прагматичными партнёрами
   б) излишне доверчивыми
   в) хлебосольными хозяевами

7. В столице незваных гостей принято … .
   а) встречать с распростёртыми объятиями
   б) приглашать к накрытому столу
   в) быстро выпроваживать

8. Александр воспринимает своих земляков как людей … .
   а) недалёких
   б) гостеприимных
   в) наивных

9. Стоя на Адмиралтейской площади, Александр испытал … .
   а) восторг
   б) растерянность
   в) печаль

10. Автор описывает провинциальную жизнь … .
    а) с насмешкой
    б) с симпатией
    в) с юмором

11. Языковые особенности текста характерны для … .
    а) XIX века
    б) XX века
    в) XXI века

Активизация языковых и речевых навыков

Задание 1. **Объясните значение следующих выражений:**

Дворянское собрание; присутственное место; питейная контора; адмиральский час

Задание 2. **Приведите синонимы / антонимы следующих слов и выражений:** ⊶

надобность, олух, пристрастие, провинциал, срам, упрёк, заморский, выведывать, достать, остолбенеть, развлекать, нараспашку, противно, совестно, душа в душу

Задание 3. **Укажите, из каких слов образованы следующие сложные слова:** ⊶

благодатный, разнообразие, самовар

Задание 4. **Найдите однокоренные слова:** ⊶

1. закуска
2. застой
3. неподвижность
4. объятье
5. родственник
6. надгробный
7. почтительный
8. чуять

а. родня
б. гроб
в. чувствовать
г. почитать
д. объять
е. кусать
ж. движение
з. стоять

Задание 5. **а) Объясните разницу в значении следующих слов и выражений:**

вещь — вещица — безделушка — ценные вещи;
вывеска — афиша — объявление;
лавочка — магазин — бутик;
застой — стабильность — благодатный застой;
змея — змей — воздушный змей;
проводить — сопроводить — выпроводить;
вольный воздух — вольный ветер — вольный казак;
искусный намёк — искусный мастер — искусственные цветы

б) Составьте предложения с этими словами.

Задание 6. **а) Укажите фразы, в которых используются языковые средства, характерные для языка XIX века.**

б) Предложите возможные варианты этих фраз с использованием языковых средств современного русского языка.

Задание 7. **Передайте смысл данных предложений и микротекстов другими словами.**

1. Какой отрадный вид!
2. И все живут вольно, нараспашку, никому не тесно.
3. Они обдирают вас, а вы и рады быть олухами!
4. «Так это-то называется груша у вас? — скажет он, — да у нас это и люди не станут есть!..»
5. Провинциалу дико, грустно; его никто не замечает; он потерялся здесь; ни новости, ни разнообразие, ни толпа не развлекают его.
6. Ему противно сознаться, что Исаакиевский собор лучше и выше собора в его городе, что зала Дворянского собрания больше залы тамошней.
7. Он думает, вот отворятся ему широкие объятия, не будут знать, как принять его, где посадить, как угостить; станут искусно выведывать, какое его любимое блюдо; как ему станет совестно от этих ласк, как он, под конец,

бросит все церемонии, расцелует хозяина и хозяйку, станет говорить им «ты», как будто двадцать лет знакомы, все подопьют наливочки, может быть, запоют хором песню…

8. Хозяин пятится от объятий, смотрит на гостя как-то странно. В соседней комнате звенят ложками, стаканами: тут-то бы и пригласить, а его искусными намёками стараются выпроводить…

9. Обнимаются, целуются все, и встречный и поперечный. Сосед там — так настоящий сосед, живут рука в руку, душа в душу; родственник — так родственник: умрёт за своего… эх, грустно!

Задание 8. **а) Найдите в тексте фразы / микротексты, которые передают речь автора и речь типичного представителя провинции.**

б) Предложите стилистически нейтральный вариант речи провинциала.

Задание 9. **Вы обсуждаете проблему взаимоотношений жителей центра страны и регионов. Принимаете участие в беседе на тему «Население столицы и регионов: противоречия или взаимопонимание?».**

Ваша задача:

— высказать своё мнение, уточнить и обосновать его;

— согласиться или опровергнуть мнение собеседника, привести свои аргументы;

— привести примеры (например, расскажите о культурном наследии, которое, как правило, сосредоточено в столицах (Адмиралтейская площадь, Исаакиевский собор, Медный всадник) и других городах);

— привести сравнения, например прокомментировать фрагменты текста:

«Зато, как он вдруг обрадуется, как посравнит да увидит, что у него в городе лучше икра, груши или калачи».

«Обнимаются, целуются все, и встречный и поперечный. Сосед там — так настоящий сосед, живут рука в руку, душа в душу; родственник — так родственник: умрёт за своего… эх, грустно!»

— сравнить героев произведений А.С. Пушкина «Евгений Онегин» и «Медный всадник»;

— выразить оценочное осуждение (например, прокомментируйте пословицу «Каждый кулик своё болото хвалит»).

***ТРКИ-2/ Говорение, задание 15.**

ТЕКСТ 3.2.1

Объём текста: 658 слов.
Время выполнения задания: 30 мин.

Задание Найти себя в начале жизненного пути и найти того, кому можно передать свой профессиональный опыт — две важные проблемы. Прочитайте отрывок из рассказа Константина Паустовского. Закончите предложения, данные после текста, выберите правильный вариант. ⚷→

ВСТРЕЧА

…В восточном Крыму бывал я летом. Потом приехал туда в конце осени. Я начал писать повесть, и мне хотелось уйти на время от напряжённой московской жизни.

В этих безлюдных местах я выбрал самое уединённое место — уцелевший после войны низенький дом над морем у подножия горы Карадаг. Дом стоял в трёх километрах от ближайшего посёлка. В нём жила пожилая женщина Настя с дочерью Любой. <…>

…Дорога в Якорную шла среди невысоких гор. Луна ещё не взошла, но какой-то неясный свет падал на землю и помогал нам идти. По левой руке тянулся кряж однообразных горбатых вершин. В темноте они напоминали окаменелый караван верблюдов. На одном из этих каменных верблюжьих горбов много лет назад был похоронен известный поэт, уроженец этих мест. Я сказал об этом Любе.

— Я знаю, — ответила она. — Только я его не читала. Не достала его книгу.

— А что вы читали?

— Я много читала. И всё помню. Колючки какие — просто идти невозможно!

Она остановилась и оторвала от платья колючку.

— А что же вы запомнили лучше всего?

— Что? — переспросила Люба. — Одни слова я запомнила. А чьи они, так это я позабыла.

— Какие слова?

— Да как-то их трудно даже вам рассказать. Неловко. Ну, ладно! Есть такие слова: «Человек создан для счастья, как птица для полёта»?

— Есть.

— Ну, вот. Про них я и говорю. Это правильно сказано? Как вы думаете?

— Правильно.

Я замолчал. Молчала и Люба. Ночь лежала над побережьем. И почему-то эта ночь показалась мне необыкновенной, тогда как, если разобраться, в ней не было ничего особенного. Я думал о поэте, о поэзии… Может быть, это чувство поэзии родилось и от ночи, и от того, что рядом со мной шла загорелая, обветренная, сероглазая девушка и несла с собой целый мир мыслей, чистоты, волнения и весёлости. А у меня всё это вызывало

едва приметную, но законную грусть оттого, что эта девушка только что входит в жизнь; она остановилась на пороге «страны чудес», а я уже прошёл по этой стране далёкий и долгий путь, и мне бесконечно жаль, что я не могу пройти его снова и снова.

<…>

— Здесь, — сказала Люба и постучала в ставню.

Дверь нам открыл низенький старик. Старик этот показался мне поначалу колючим, — может быть, потому, что щетина торчала белой щёткой на его суховатом лице, а может быть, потому, что глаза блестели остро и даже насмешливо.

В низкой комнате пахло вином.

— Вот, — сказала смущённо Люба, — я к вам по делу пришла, Пётр Петрович. А это наш жилец, тот, про которого я говорила…

— Всё правильно! — старик явно был рад нашему приходу. — А то я уже заскучал. Одиночество, знаете, — вещь полезная, но в маленьких дозах.

— Я винодел, — сказал старик, как только усадил меня в кожаное кресло, — и потому причисляю себя к служителям искусства. Виноделие — одно из самых древних искусств.

— Я давно хотел познакомиться с виноделием, — пробормотал я.

— Э-хе-хе! — старик постучал пальцами по столу. — С ним знакомиться нужно годами. Если бы вы были по-

моложе, я бы уговорил вас заняться этим делом. Не всё же вам писать и писать. Обучил бы вас, как вот обучаю этому Любу. Виноделие! О нём поэмы надо писать! Вот, скажем, начали прибавлять к вину фосфор — и сразу же добились очень тонкого вкуса. От примеси железа вино, например, получает необыкновенно живой красный цвет. Есть у меня сухое винцо, правда, простое каберне, но мне удалось придать ему запах фиалки. При этом в нём много огня. Я открыл этот новый сорт вина путём сочетания разных веществ. Вот почему я считаю виноделие искусством.

— Пожалуй, что так, — согласился я.

— А как же! Каждое искусство требует преемственности. Преем-ственно-сти! Понимаете? Мастер должен передавать своё искусство ученикам. В любой области — и в вашей, писательской, и в моей, винодельческой.

Я не заметил, как на столе появилась бутылка вина, чёрного и густого.

— Я, — продолжал старик, — винодел. И из Любы я тоже сделаю винодела. На днях она уедет учиться в винодельческую школу. А когда вернётся, я передам ей, как говорится, все свои «секреты» изготовления вина.

— Какая вы счастливая, Люба! — сказал я с грустью. — Я просто завидую вам.

— А я и сама рада, — ответила Люба. — Мне только маму жалко.

1. Эту историю рассказал … .
   а) молодой человек
   б) человек среднего возраста
   в) глубокий старик

2. Герой рассказа приехал в Крым в поисках … .
   а) уединения
   б) вдохновения
   в) новых тем

3. Люба вызывает у героя зависть … .
   а) своей начитанностью
   б) своими возможностями
   в) своей молодостью

4. Вечерний приход гостей … .
   а) вызвал удивление хозяина
   б) отвлёк мастера от работы
   в) обрадовал старика

5. Старый мастер Пётр Петрович … .
   а) гордится своим делом
   б) устал от одиночества
   в) страдает от непонимания

6. Старик считает, что писательский труд … .
   а) не может быть единственным занятием в жизни
   б) является пустой тратой времени
   в) можно назвать глупым занятием

7. Старик говорит о виноделии как … .
   а) об обычном ремесле
   б) о скучной работе
   в) о высоком искусстве

8. Герой высказал желание заняться виноделием, … .
   а) поскольку был вежливым человеком
   б) так как это была его мечта
   в) чтобы отвлечь старика от горьких мыслей

9. Люба производит впечатление … .
   а) романтичной и мечтательной девушки
   б) робкой и застенчивой
   в) человека, знающего чего он хочет

10. Вечерняя встреча показала, что собеседники … .
    а) по-разному относятся к жизни
    б) ставят схожие жизненные цели
    в) имеют общие жизненные ценности

Активизация языковых и речевых навыков

Задание 1. **Приведите синонимы / антонимы следующих слов и выражений:** ✎

преемственность, служитель (искусства), безлюдный, напряжённый, приметный, причислять, разобраться, неловко, на днях, путём

Задание 2. **Укажите, из каких слов образованы следующие сложные слова:** ✎

винодел, виноделие, однообразный, сероглазый

Задание 3. **Найдите однокоренные слова:** ✎

1. побережье
2. подножие
3. уроженец
4. щетина
5. безлюдный
6. горбатый
7. уединённый
8. уцелевший
9. колючка

а. целый
б. щётка
в. один
г. берег
д. родиться
е. люди
ж. колоть
з. нога
и. горб

Задание 4. **а) Объясните разницу в значении следующих слов и словосочетаний:**

борода — усы — щетина;
рассказ — повесть — новелла — роман — эпопея;
уроженец — туземец — абориген — коренные народы;
запах — аромат — вонь;
колючий ёж — колючая щетина — колючий взгляд — колючий человек;
бормотать — шептать — говорить — кричать — орать;
ветреный — обветренный;
каменный — окаменелый;
сухой — суховатый;
низкий — низенький

б) Составьте предложения с этими словами.

Задание 5. **Передайте смысл данных предложений и микротекстов другими словами.**

1. Я начал писать повесть, и мне хотелось уйти на время от напряжённой московской жизни.

2. Только я его не читала. Не достала его книгу.

3. Каждое искусство требует преемственности.

4. Человек создан для счастья, как птица для полёта.

5. — Я винодел, — сказал старик, как только усадил меня в кожаное кресло, — и потому причисляю себя к служителям искусства.

6. Если бы вы были помоложе, я бы уговорил вас заняться этим делом. Не всё же вам писать и писать.

Задание 6. **Возможность заниматься любимым делом — одна из составляющих полноценной жизни человека. Примите участие в беседе на тему «Выбор жизненного пути — кто его определяет: сам человек или обстоятельства?».**

Ваша задача:

— **высказать своё мнение, уточнить и обосновать его;**

— **согласиться или опровергнуть мнение собеседника, привести свои аргументы;**

— **привести примеры (например, расскажите о человеке, оказавшем влияние на вашу жизнь);**

— **привести сравнения (например, прокомментируйте мысль К. Паустовского: «Мастер должен передавать своё искусство ученикам» — и фразу русского писателя Владимира Галактионовича Короленко: «Человек создан для счастья, как птица для полёта»);**

— **выразить оценочное осуждение.**

*ТРКИ-2/ Говорение, задание 15.

ТЕКСТ 3.2.2

Объём текста: 663 слова.
Время выполнения задания: 30 мин.

Задание Первые шаги в профессии даются нелегко. Прочитайте отрывок из рассказа Булата Окуджавы. Закончите предложения, данные после текста, выберите правильный вариант. ⚏

ЧАСТНАЯ ЖИЗНЬ АЛЕКСАНДРА ПУШКИНА,
ИЛИ ИМЕНИТЕЛЬНЫЙ ПАДЕЖ В ТВОРЧЕСТВЕ ЛЕРМОНТОВА

Когда я вернулся с фронта и поступил в университет, меня приняли без экзаменов. Тихое восхищённое «ура» сопровождало меня по университетским коридорам. Улыбки и комплименты обволакивали меня и убаюкивали. Стоило мне, например, заявить, что Гоголь — великий русский писатель, как тотчас раздавались аплодисменты в мою честь. В воздухе висело устойчивое мнение, что если молодой человек воевал, значит он — почти уже филолог. На лекции я ходил редко: всё было как-то некогда. Меня не наказывали. На всех торжественных вечерах я выступал с воспоминаниями о том, как мы воевали, и это шло в зачёт. И главная беда заключалась не в том, что люди, преисполненные радости победы, были чрезмерно снисходительны к одному маленькому представителю победившей армии, а в том, что всё это я принял на свой личный счёт. А как принял, так оно и пошло… Кое-как доучился, кое-как написал дипломную работу: что-то там такое насчёт Маяковского, на сорок страниц, натянул, отделался общими фразами. Передавая работу своему руководителю, имел наглость пошутить: боюсь, что со знаками препинания у меня не всё в порядке… Говоря о моей работе, он сказал, что работа превосходная, только со знаками препинания не всё в порядке. Я понял, что он её не читал. Меня хвалили, поздравляли, что вот, мол, несмотря на бывшее ранение, всё же написал, поработал, использовал множество литературы (библиографический список я катал из энциклопедии). Наконец с дипломом филолога в кармане и с университетским значком на груди, полный, как это говорится, всяческих радужных надежд, выехал я в небольшой областной город. И оказалось, на мою беду, что в этой области я первый человек с университетским образованием. На меня смотрели с интересом и даже с благоговением.

Вот какой человек приехал в область!

Он был молод, кудряв, по тем временам хорошо одет. Он был не то чтобы красив, но симпатичен, и два больших счастливых столичных крыла виднелись за его спиной.

Заведующий обложно пригласил своего зама, и они вместе принялись обсуждать судьбу замечательного гостя. Гость предполагал, что ему поручат по меньшей мере заведование кафедрой в маленьком пединституте этого захудалого городка. Но об этом не было ни слова. Он ждал, что ему предложат быть хотя бы директором самой показательной школы города, но и этого не произошло. Вместо всего этого заведующий облоно сказал, что самое замечательное, если уважаемый филолог отправится в далёкую сельскую школу и поработает там учителем, неся свет в массы и приобщая местных учителей к большой университетской науке.

Тут я возмутился и заявил, что лишь в городе моё место, ибо мне… предстоит серьёзная работа над диссертацией, наполовину уже сделанной, которая без городской библиотеки невозможна…

Должен вам сказать, что мысль о диссертации пришла мне в голову именно в этот трагический момент. Раньше я об этом почему-то не думал. Я посмотрел на моих собеседников с торжеством, но они не отказались от своего намерения. Да я, кричал я, готовил себя к научной работе, а не к учительствованию! Вы понимаете, что вы мне предлагаете? Да мы, кричали они с благоговением, всё понимаем! Мы ведь не в какую-нибудь обыкновенную школу вас направляем!..

Я: Да я ведь фи-ло-лог, а не учителишка какой-нибудь!

ОНИ: Мы гордимся вами! Все вами будут гордиться! Сдалась вам должность рядового учителя в нашем городишке!.. А там — простор.

Я: Но у меня диссертация на выходе!

ОНИ: Какая же тема вашей диссертации?

Я (не колеблясь): Именительный падеж в творчестве Лермонтова!

ОНИ: Чепуха! Там, где вы будете работать, есть темка для диссертации ещё почище.

Я: Я не смогу закончить диссертацию в вашей глуши!

ОНИ: Зато там бывал Лев Толстой!..

Тут наступила тишина.

Я (вяло): Что ему там понадобилось?

ОНИ (торопливо): Там в женском монастыре жила его сестра Мария Николаевна. Он гостил у неё перед кончиной. Вы представляете, какой материал?.. Тайна ухода Толстого в ваших руках!

А что, подумал я, обессилев, можно и вправду об этом... или даже повесть... роман какой-нибудь... Да и этот именительный падеж — ерунда какая-то...

Короче говоря, часа через два всё сладилось, особенно когда при мне заведующий облоно позвонил заведующему районо и торжественно объявил, что к ним в район едет учитель с университетским образованием и его надлежит принять хорошо, как следует.

1. Эту историю рассказывает ... .
   а) молодой человек
   б) человек с большим жизненным опытом
   в) преподаватель университета

2. Когда герой рассказа учился в университете, он ... .
   а) был блестящим студентом
   б) считался средним студентом
   в) учился кое-как

3. В университет герой рассказа пришёл ... .
   а) со школьной скамьи
   б) с фронта
   в) с опытом работы в школе

4. Дипломная работа героя была) ... .
   а) высоко оценена
   б) написана на высоком уровне
   в) переписана из энциклопедии

5. После окончания университета герой ... .
   а) планировал стать руководителем
   б) мечтал работать учителем
   в) был уверен, что его оставят в университете

6. Идея написать научную работу появилась у героя ... .
   а) на первом курсе университета
   б) после защиты дипломной работы
   в) при обсуждении места работы

7. Руководители облоно отнеслись к молодому специалисту ... .
   а) с радостью
   б) с недоверием
   в) с удивлением

8. Общаясь с представителями администрации, герой ... .
   а) ощущал свою несостоятельность
   б) чувствовал полную уверенность в своих силах
   в) испытывал большое удовольствие

9. Можно сказать, что герой принял предложение администрации, поскольку ... .
   а) руководство привело убедительные аргументы
   б) у него не было другого выхода
   в) увидел для себя новые возможности

10. Сейчас герой вспоминает эту историю … .
   а) с грустью
   б) с юмором
   в) с гордостью

Активизация языковых и речевых навыков

Задание 1. **Приведите синонимы / антонимы следующих слов и выражений:** ⌐

беда, благоговение, наглость, намерение, показательный, рядовой, снисходительный, наказывать, обволакивать, приобщать, убаюкивать, надлежит, сладилось, чрезмерно, вяло, нести свет в массы, кое-как

Задание 2. **Приведите русские эквиваленты интернациональных слов:** ⌐

аплодисменты, библиография, диссертация, филолог, энциклопедия

Задание 3. **Образуйте сложносокращённые слова от следующих словосочетаний:** ⌐

районный / городской / областной отдел народного образования; заместитель директора, заведующий кафедрой / отделом

Задание 4. **Найдите однокоренные слова:** ⌐

1. зачёт
2. значок
3. кончина
4. захудалый
5. именительный
6. кудрявый
7. преисполненный
8. обессилеть

а. худо
б. имя
в. сила
г. засчитать
д. полный
е. конец
ж. знак
з. кудри

Задание 5. **а) Объясните разницу в значении следующих слов и выражений:**

вечер — вечеринка — торжественный вечер;
устойчивое положение — устойчивое выражение — устойчивое мнение;
открыть счёт — вести счёт — принять на свой счёт — говорить / писать насчёт (кого? чего?);
предложение — выражение — фраза — отделаться общими фразами — бросаться громкими фразами;
тянуть время — протянуть руку помощи — протянуть / дотянуть до зарплаты — натянуть оценку;
готовить обед — готовиться (к чему?) к выступлению — готовить себя (к чему?) к научной работе

б) Составьте предложения с этими словами.

Задание 6. **Трансформируйте предложения с косвенной речью в предложения с прямой речью. Расставьте знаки препинания.** ⌐

1. Передавая работу своему руководителю, я имел наглость пошутить: боюсь, что со знаками препинания у меня не всё в порядке…

2. Говоря о моей работе, он сказал, что работа превосходная, только со знаками препинания не всё в порядке.

3. Меня хвалили, поздравляли, что вот, мол, несмотря на бывшее ранение, всё же написал, поработал, использовал множество литературы.

4. Да я, кричал я, готовил себя к научной работе, а не к учительствованию! Вы понимаете, что вы мне предлагаете? Да мы, кричали они с благоговением, всё понимаем! Мы ведь не в какую-нибудь обыкновенную школу вас направляем!

Задание 7. **Передайте смысл данных предложений и микротекстов другими словами.**

1. Стоило мне, например, заявить, что Гоголь — великий русский писатель, как тотчас раздавались аплодисменты в мою честь.

2. И главная беда заключалась не в том, что люди, преисполненные радости победы, были чрезмерно снисходительны к одному маленькому представителю победившей армии, а в том, что всё это я принял на свой личный счёт.

3. Кое-как доучился, кое-как написал дипломную работу: что-то там такое насчёт Маяковского на сорок страниц, натянул, отделался общими фразами.

4. На всех торжественных вечерах я выступал с воспоминаниями о том, как мы воевали, и это шло в зачёт.

5. Передавая работу своему руководителю, имел наглость пошутить: боюсь, что со знаками препинания у меня не всё в порядке…

6. Он был не то чтобы красив, но симпатичен, и два больших счастливых столичных крыла виднелись за его спиной.

7. Заведующий облоно сказал, что самое замечательное, если уважаемый филолог отправится в далёкую сельскую школу и поработает там учителем, неся свет в массы и приобщая местных учителей к большой университетской науке.

8. Когда я вернулся с фронта и поступил в университет, меня приняли без экзаменов. Тихое восхищённое «ура» сопровождало меня по университетским коридорам. Улыбки и комплименты обволакивали меня и убаюкивали.

9. ОНИ: Сдалась вам должность рядового учителя в нашем городишке!.. А там — простор.

Я: Но у меня диссертация на выходе!

Я (вяло): Что ему там понадобилось?

ОНИ (торопливо): Там в женском монастыре жила его сестра Мария Николаевна. Он гостил у неё перед кончиной. Вы представляете, какой материал?.. Тайна ухода Толстого в ваших руках!

Задание 8. **Право называть себя профессионалом нужно заслужить. Примите участие в беседе на тему «Быть профессионалом или казаться им?».**

Ваша задача:

— **высказать своё мнение, уточнить и обосновать его;**

— **согласиться или опровергнуть мнение собеседника, привести свои аргументы;**

— **привести примеры, например прокомментировать фрагмент текста:**

«И главная беда заключалась не в том, что люди, преисполненные радости победы, были чрезмерно снисходительны к одному маленькому представителю победившей армии, а в том, что всё это я принял на свой личный счёт»;

— **привести сравнения, например прокомментировать слова главного героя текста:**

«Да я, кричал я, готовил себя к научной работе, а не к учительствованию! Вы понимаете, что вы мне предлагаете?»;

— **выразить оценочное осуждение.**

*ТРКИ-2/ Говорение, задание 15.

ТЕКСТ 3.3.1

Объём текста: 596 слов.
Время выполнения задания: 30 мин.

Задание Подарить мечту и поверить в мечту — две стороны одной медали. Прочитайте отрывок из повести Александра Грина. Закончите предложения, данные после текста, выберите правильный вариант. 🗝

АЛЫЕ ПАРУСА

— … Тебя послали продать. По дороге ты занялась игрой. Ты пустила яхту поплавать, а она сбежала — ведь так?

— Ты разве видел? — с сомнением спросила Ассоль, стараясь вспомнить, не рассказала ли она это сама. — Тебе кто-то сказал? Или ты угадал?

— Я это знал.

— А как же?

— Потому что я — самый главный волшебник.

Ассоль смутилась: её напряжение при этих словах Эгля переступило границу испуга. Пустынный морской берег, тишина, томительное приключение с яхтой, непонятная речь старика с сверкающими глазами, величественность его бороды и волос стали казаться девочке смешением сверхъестественного с действительностью. Состройтеперь Эгль гримасу или закричи что-нибудь — девочка помчалась бы прочь, заплакав и изнемогая от страха. Но Эгль, заметив, как широко раскрылись её глаза, сделал крутой вольт.

— Тебе нечего бояться меня, — серьёзно сказал он. — Напротив, мне хочется поговорить с тобой по душе. — Тут только он уяснил себе, что в лице девочки было так пристально отмечено его впечатлением. «Невольное ожидание прекрасного, блаженной судьбы, — решил он. — Ах, почему я не родился писателем? Какой славный сюжет». — Ну-ка, — продолжал Эгль, стараясь закруглить оригинальное положение (склонность к мифотворчеству — следствие всегдашней работы — было сильнее, чем опасение бросить на неизвестную почву семена крупной мечты), — ну-ка, Ассоль, слушай меня внимательно. Я был в той деревне — откуда ты, должно быть, идёшь, словом, в Каперне. Я люблю сказки и песни, и просидел я в деревне той целый день, стараясь услышать что-нибудь никем не слышанное. Но у вас не рассказывают сказок. У вас не поют песен. А если рассказывают и поют, то, знаешь, эти истории о хитрых мужиках и солдатах, с вечным восхвалением жульничества, эти грязные, как немытые ноги, грубые, как урчание в животе, коротенькие четверостишия с ужасным мотивом… Стой, я сбился. Я заговорю снова.

Подумав, он продолжал так:

— Не знаю, сколько пройдёт лет, — только в Каперне расцветёт одна сказка, памятная надолго. Ты будешь большой, Ассоль. Однажды утром в морской дали под солнцем сверкнёт алый парус. Сияющая громада алых парусов белого корабля двинется, рассекая волны, прямо к тебе. Тихо будет плыть этот чудесный корабль, без криков и выстрелов; на берегу много соберётся народу, удивляясь и ахая: и ты будешь стоять там. Корабль подойдёт величественно к самому берегу под звуки прекрасной музыки; нарядная, в коврах, в золоте и цветах, поплывёт от него быстрая лодка. «Зачем вы приехали? Кого вы ищете?» — спросят люди на берегу. Тогда ты увидишь храброго красивого принца; он будет стоять и протягивать к тебе руки. «Здравствуй, Ассоль! — скажет он. — Далеко-далеко отсюда я увидел тебя во сне и приехал, чтобы увезти тебя навсегда в своё царство. Ты будешь там жить со мной в розовой глубокой долине. У тебя будет всё, чего только ты пожелаешь; жить с тобой мы станем так дружно и весело, что никогда твоя душа не узнает слёз и печали». Он посадит тебя в лодку, привезёт на корабль, и ты уедешь навсегда в блистательную страну, где всходит солнце и где звёзды спустятся с неба, чтобы поздравить тебя с приездом.

— Это всё мне? — тихо спросила девочка. Её серьёзные глаза, повеселев, просияли доверием. Опасный волшебник, разумеется, не стал бы говорить так; она подошла ближе. — Может быть, он уже пришёл… тот корабль?

— Не так скоро, — возразил Эгль, — сначала, как я сказал, ты вырастешь. Потом… Что говорить? — это будет, и кончено. Что бы ты тогда сделала?

— Я? — она посмотрела в корзину, но, видимо, не нашла там ничего достойного служить веским вознаграждением. — Я бы его любила, — поспешно сказала она, и не совсем твёрдо прибавила: — если он не дерётся.

— Нет, не будет драться, — сказал волшебник, таинственно подмигнув, — не будет, я ручаюсь за это. Иди, девочка, и не забудь того, что сказал тебе я меж двумя глотками ароматической водки и размышлением о песнях каторжников. Иди. Да будет мир пушистой твоей голове!

1. Герои рассказа … .
   а) давние знакомые
   б) старые друзья
   в) встретились впервые

2. С Ассоль заговорил … .
   а) известный писатель
   б) специалист по фольклору
   в) великий маг

3. Ассоль услышала от Эгля … .
   а) историю своей жизни
   б) то, что случится с ней в будущем
   в) красивую сказку

4. Ассоль отнеслась к истории Эгля … .
   а) с сомнением
   б) с недоумением
   в) с доверием

5. Эгль рассказал историю, потому что … .
   а) хотел развеселить Ассоль
   б) увидел, что Ассоль мечтает о чуде
   в) подумал, что она скучает

6. По словам Эгля, появление корабля вызовет в деревне … .
   а) восторг
   б) изумление
   в) зависть

7. Ассоль должна узнать корабль … .
   а) по цвету парусов
   б) по имени капитана
   в) по условному знаку

8. Принц приплывёт за Ассоль, потому что … .
   а) она славилась своей красотой
   б) о ней много говорили
   в) она ему приснилась

9. Эгль считает, что у жителей деревни … .
   а) романтичные представления о жизни
   б) грубые нравы
   в) большое трудолюбие

10. Прощаясь с Ассоль, Эгль … .
    а) иронизирует над собой
    б) смеётся над ней
    в) шутит с ней

Активизация языковых и речевых навыков

Задание 1. **Приведите синонимы / антонимы следующих слов и выражений:** ⊶

испуг, нарядный, сверхъестественный, славный, ручаться, сбиться, смутиться, сверкающий, пристально, напротив

Задание 2. **Укажите, из каких слов образованы следующие сложные слова:** ⊶

мифотворчество, четверостишие

Задание 3. **Найдите однокоренные слова:** ⊶

1. вознаграждение
2. восхваление
3. громада
4. опасение
5. пушистый
6. пустынный
7. расцвести
8. сверхъестественный

а. пусто
б. цветок
в. естество
г. похвала
д. пух
е. опасность
ж. награда
з. огромный

Задание 4. **а) Объясните разницу в значении следующих слов:**

волшебник — колдун — маг — фокусник;
жульничество — мошенничество — воровство;
склонность — наклонности — способности — талант;
великий человек — величественный взгляд;
томительное приключение — утомительный день — утомлённый путешественник;
драться — биться — бороться — сражаться;
уяснить себе — пояснить — объясниться

б) Составьте предложения с этими словами.

Задание 5. **Передайте смысл данных предложений и микротекстов другими словами.**

1. Я был в той деревне — откуда ты, должно быть, идёшь, словом, в Каперне.
2. Стой, я сбился. Я заговорю снова.
2. Да будет мир пушистой твоей голове!
3. Ты пустила яхту поплавать, а она сбежала — ведь так?
4. — Тебе нечего бояться меня, — серьёзно сказал он. — Напротив, мне хочется поговорить с тобой по душе.
5. У тебя будет всё, чего только ты пожелаешь; жить с тобой мы станем так дружно и весело, что никогда твоя душа не узнает слёз и печали.
6. Сострой теперь Эгль гримасу или закричи что-нибудь — девочка помчалась бы прочь, заплакав и изнемогая от страха. Но Эгль, заметив, как широко раскрылись её глаза, сделал крутой вольт.

Задание 6. **Выражение «Алые паруса» в русском языке является символом красивой мечты. Примите участие в беседе «Надо мечтать! Надо мечтать?».**

Ваша задача:
— **высказать своё мнение, уточнить и обосновать его;**
— **согласиться или опровергнуть мнение собеседника, привести свои аргументы;**
— **привести примеры (например, приведите эквиваленты выражения «алые паруса» в других языках; расскажите о своих мечтах, о тех, которые сбылись и не сбылись);**
— **привести сравнения (например, прокомментируйте и сравните фразы Козьмы Пруткова «Хочешь быть счастливым — будь им!» и Александра Грина «…я понял одну нехитрую истину. Она в том, чтобы делать так называемые чудеса своими руками»);**
— **выразить оценочное осуждение.**

***ТРКИ-2/ Говорение, задание 15.**

М.Н. Макова, О.А. Ускова. В мире людей. Выпуск 3. Часть 1. Чтение. Говорение

117

ТЕКСТ 3.3.2

Объём текста: 551 слово.
Время выполнения задания: 30 мин.

Задание Умение дружить — одно из важнейших качеств человека, необходимых для полноценной жизни. Прочитайте отрывок из романа Михаила Лермонтова. Закончите предложения, данные после текста, выберите правильный вариант.

ГЕРОЙ НАШЕГО ВРЕМЕНИ

…Печорин был погружён в задумчивость, глядя на синие зубцы Кавказа, и, кажется, вовсе не торопился в дорогу. Я подошёл к нему.

— Если вы захотите еще немного подождать, — сказал я, — то будете иметь удовольствие увидаться со старым приятелем…

— Ах, точно! — быстро отвечал он, — мне вчера говорили: но где же он? — Я обернулся к площади и увидел Максима Максимыча, бегущего что было мочи… Через несколько минут он был уже возле нас; он едва мог дышать; пот градом катился с лица его; мокрые клочки седых волос, вырвавшись из-под шапки, приклеились ко

лбу его; колени его дрожали… он хотел кинуться на шею Печорину, но тот довольно холодно, хотя с приветливой улыбкой, протянул ему руку. Штабс-капитан на минуту остолбенел, но потом жадно схватил его руку обеими руками: он ещё не мог говорить.

— Как я рад, дорогой Максим Максимыч. Ну, как вы поживаете? — сказал Печорин.

— А… ты?.. а вы? — пробормотал со слезами на глазах старик… — сколько лет… сколько дней… да куда это?..

— Еду в Персию — и дальше…

— Неужто сейчас?.. Да подождите, дражайший!.. Неужто сейчас расстанемся?.. Столько времени не видались…

— Мне пора, Максим Максимыч, — был ответ.

— Боже мой, боже мой! да куда это так спешите?.. Мне столько бы хотелось вам сказать… столько расспросить… Ну что? в отставке?.. как?.. что поделывали?..

— Скучал! — отвечал Печорин, улыбаясь.

— А помните наше житьё-бытьё в крепости? Славная страна для охоты!.. Ведь вы были страстный охотник стрелять… А Бэла?..

Печорин чуть-чуть побледнел и отвернулся…

— Да, помню! — сказал он, почти тотчас принуждённо зевнув…

Максим Максимыч стал его упрашивать остаться с ним ещё часа два.

— Мы славно пообедаем, — говорил он, — у меня есть два фазана; а кахетинское здесь прекрасное… разумеется, не то, что в Грузии, однако лучшего сорта… Мы поговорим… вы мне расскажете про своё житьё в Петербурге… А?

— Право, мне нечего рассказывать, дорогой Максим Максимыч… Однако прощайте, мне пора… я спешу… Благодарю, что не забыли… — прибавил он, взяв его за руку.

Старик нахмурил брови… он был печален и сердит, хотя старался скрыть это.

— Забыть! — проворчал он, — я-то не забыл ничего… Ну, да бог с вами!.. Не так я думал с вами встретиться…

— Ну полно, полно! — сказал Печорин, обняв его дружески, — неужели я не тот же?.. Что делать?.. Всякому своя дорога… Удастся ли ещё встретиться — бог знает!.. — говоря это, он уже сидел в коляске, и ямщик уже начал подбирать вожжи.

— Постой, постой! — закричал вдруг Максим Максимыч, ухватясь за дверцы коляски, — совсем было забыл… У меня остались ваши бумаги, Григорий Александрович… я их таскаю с собой… думал найти вас в Грузии, а вот где бог дал свидеться… Что мне с ними делать?..

— Что хотите! — отвечал Печорин. — Прощайте…

— Так вы в Персию?.. а когда вернётесь?.. — кричал вслед Максим Максимыч…

Коляска была уж далеко; но Печорин сделал знак рукой, который можно было перевести следующим образом: вряд ли! да и зачем?..

Давно уж не слышно было ни звона колокольчика, ни стука колёс по кремнистой дороге, — а бедный старик ещё стоял на том же месте в глубокой задумчивости.

— Да, — сказал он наконец, стараясь принять равнодушный вид, хотя слеза досады по временам сверкала на его ресницах, — конечно, мы были приятели, — ну, да что приятели в нынешнем веке!.. Что ему во мне? Я не богат, не чиновен, да и по летам совсем ему не пара... Вишь, каким он франтом сделался, как побывал опять в Петербурге... Что за коляска!.. сколько поклажи!.. и лакей такой гордый!.. — Эти слова были произнесены с иронической улыбкой.

1. Встречу Максима Максимыча с Печориным можно назвать ... .
   а) случайной
   б) долгожданной
   в) ожидаемой

2. Максим Максимыч считал Печорина ... .
   а) своим старым другом
   б) товарищем по службе
   в) своим учеником

3. Для Печорина Максим Максимыч является ... .
   а) *близким человеком*
   б) *старым приятелем*
   в) *одним из его знакомых*

4. При встрече с Максимом Максимычем Печорин... .
   а) с удовольствием вспоминал прошлое
   б) был холоден и сдержан
   в) охотно поделился своими планами

5. Увидев Печорина, Максим Максимыч ... .
   а) растерялся
   б) *бросился ему на шею*
   в) вёл себя невозмутимо

6. Раньше отношения героев были ... .
   а) официальными
   б) нейтральными
   в) дружескими

7. Действующие лица повести ... .
   а) занимают равное общественное положение
   б) стоят на разных ступенях социальной лестницы
   в) социально близки друг другу

8. Печорина можно охарактеризовать как ... .
   а) человека с активной жизненной позицией
   б) скучающего эгоиста
   в) дружелюбного и открытого

9. Максима Максимыча автор показывает ... .
   а) невозмутимым солдатом
   б) душевным человеком
   в) наивным чудаком

10. Симпатии автора на стороне ... .
    а) старого офицера
    б) Григория Александровича
    в) обоих героев

Активизация языковых и речевых навыков

Задание 1. Приведите синонимы / антонимы следующих слов и выражений: ☞

дражайший, славный, остолбенеть, торопиться, вовсе не (устал), возле, едва; быть в отставке, жадно схватил его руку

Задание 2. Объясните значения устаревших слов, приведите возможные синонимы:

лакей, франт, штабс-капитан, ямщик; поклажа

Задание 3. Найдите однокоренные слова: ☞

1. житьё	а. колокол
2. задумчивость	б. груз
3. зубцы	в. столб
4. колокольчик	г. жизнь
5. крепость	д. думать
6. поклажа	е. зуб
7. погружённый	ж. крепкий
8. остолбенеть	з. класть

Задание 4. а) Объясните разницу в значении следующих слов и выражений:

бормотать — брюзжать — шептать;
кинуть камень — кинуть камень (в кого?) — кинуться на помощь — кинуться на шею;
протянуть руку — протянуть руку помощи — протянуть ноги — долго не протянешь;
таскать вещи — таскать с собой (что? кого?) — таскаться (где? куда?)

б) Составьте предложения с этими словами.

Задание 5. Найдите выражения, не характерные для современного русского языка. Передайте смысл данных предложений и микротекстов другими словами. ☞

1. Печорин был погружён в задумчивость, глядя на синие зубцы Кавказа, и, кажется, вовсе не торопился в дорогу.

2. Если вы захотите еще немного подождать, — сказал я, — то будете иметь удовольствие увидаться со старым приятелем.

3. Я обернулся к площади и увидел Максима Максимыча, бегущего что было мочи.

4. Он едва мог дышать; пот градом катился с лица его.

5. Ведь вы были страстный охотник стрелять.

6. Право, мне нечего рассказывать,

7. Да подождите, дражайший!.. Неужто сейчас расстанемся?..

8. Ну полно, полно! — сказал Печорин, обняв его дружески, — неужели я не тот же?.. Что делать?.. всякому своя дорога...

9. ...конечно, мы были приятели, — ну, да что приятели в нынешнем веке!.. Что ему во мне? Я не богат, не чиновен, да и по летам совсем ему не пара...

Задание 6. Умение дружить дано не каждому: люди по-разному понимают дружбу. Примите участие в беседе «В современном обществе люди — друзья или соперники?».

Ваша задача:

— высказать своё мнение, уточнить и обосновать его;

— согласиться или опровергнуть мнение собеседника, привести свои аргументы;

— привести примеры (например, прокомментируйте фразу из романа «Герой нашего времени» М.Ю. Лермонтова: «Из двух друзей всегда один раб другого»);

— привести сравнения (например, прокомментируйте стихи Владимира Высоцкого «Песня о друге»: «Если друг оказался вдруг и не друг и не враг, а так. Если сразу не разберёшь, плох он или хорош...»);

— выразить оценочное осуждение.

*ТРКИ-2/ Говорение, задание 15.

120

М.Н. Макова, О.А. Ускова. В мире людей. Выпуск 3. Часть 1. Чтение. Говорение

ТЕКСТ 3.4.1

Объём текста: 551 слово.
Время выполнения задания: 30 мин.

Задание Мечты человечества об освоении космического пространства когда-нибудь станут реальностью. Прочитайте отрывок из романа классиков современной научной и социальной фантастики Аркадия и Бориса Стругацких и предложения, которые даны после текста. Закончите предложения, выберите правильный вариант. ⊶

ПОПЫТКА К БЕГСТВУ

— Как я понял, вы летите на Пандору, — сказал незнакомец. Он смотрел на Антона.

— Да, мы идём на Пандору. — Антон покосился на портфель. — Вы хотите что-нибудь переслать с нами?

— Нет, — сказал незнакомец. — Пересылать мне нечего. У меня совсем другое... У меня есть к вам предложение. Ведь вы едете развлекаться?

— Да, — сказал Антон.

— Если опасную охоту можно считать развлечением, — значительно добавил Вадим.

— Это славный отдых, — сказал Антон. — Турперелёт и охота.

— Турперелёт... — медленно, словно удивляясь, проговорил незнакомец. — Туристы... Послушайте, молодые люди, вы совсем не похожи на туристов. Вы молодые, здоровые ребята-открыватели... Зачем это вам — обжитые планеты, электрифицированные джунгли, автоматы с газировкой в пустынях? Да что говорить! Почему вам не взять неизвестную планету?

Ребята переглянулись.

— Какую именно планету? — спросил Антон.

— Не всё ли равно? Любую. На которой человека ещё не было... — Незнакомец вдруг широко раскрыл глаза. — Или таких уже нет?

Он не шутил. Это было совершенно очевидно, и ребята снова переглянулись.

— Почему же? — сказал Антон. — Таких планет сколько угодно. Но мы всю зиму собирались поохотиться на Пандоре.

— Лично я, — подхватил Вадим, — уже раздарил знакомым черепа своих неубитых тахоргов.

— И потом — что мы будем делать на новой планете? — мягко сказал Антон.

— Мы не научная экспедиция, мы не специалисты. Вот Вадим лингвист, я звездолётчик, пилот... Мы не сумеем даже составить первичного описания... Впрочем, может быть, у вас есть какая-нибудь идея?

Незнакомец сдвинул мохнатые брови.

— Нет у меня никаких идей, — резко сказал он. — Просто мне нужно на неизвестную планету. И вопрос стоит так: можете вы мне помочь или нет?

Вадим стал застёгивать и расстёгивать «молнию» на куртке. Тон незнакомца его покоробил: это был не тот тон, к которому Вадим привык. И тем не менее положение было тяжёлое. Человеку, который едет развлекаться, трудно спорить с человеком, которому нужно ехать по делу. <...>

— Ну что ж, — сказал он рассудительно. — Во второй окрестности много жёлтых карликов с приличными планетами земного типа. Давайте слетаем. Возьмём хотя бы ЕН 7031. Туда уже собирались лететь, да отложили. Показалось неинтересно. Добровольцы не любят жёлтых карликов — им подавай гиганта, лучше красного... Устроит вас ЕН 7031?

— Да, вполне, — сказал незнакомец. Он уже пришёл в себя. — Если только это действительно необитаемая планета.

— Это не планета, — вежливо поправил Антон. — Это звезда. Солнце. Но там есть и планеты. По всей видимости, необитаемые. А как вас зовут?

— Меня зовут Саул, — сказал незнакомец и впервые улыбнулся. — Саул Репнин. Я историк. Двадцатый век. Но я постараюсь быть полезным. Я умею готовить, водить наземные машины, шить, чинить обувь, стрелять... — Он помолчал. — И кроме того, я знаю, как всё это делалось раньше. И ещё я знаю несколько языков — польский, словацкий, немецкий, немного французский и английский...

— Жалко, что вы не умеете водить звездолёт, — вздохнул Вадим.

— Да, жалко, — сказал Саул. — Но это ничего, звездолёт умеете водить вы.

— Не вздыхай, Димка, — сказал Антон. — Пора и тебе посмотреть на странные пейзажи безымянных планет. Танцевать в кафе можно и на Земле. Покажи себя там, где нет девушек, воздыхатель...

— Я вздыхаю от восторга, — отозвался Вадим. — В конце концов, что такое тахорги? Громоздкие и всем известные животные...

Саул любезно осведомился:

— Надеюсь, я не вырвал согласие силой? Надеюсь, ваше согласие является в достаточной степени добровольным и свободным?

— А как же, — сказал Вадим. — Ведь что такое свобода? Осознанная необходимость. А все остальное — нюансы.

— Пассажир Саул Репнин, — сказал Антон. — Старт в двенадцать ноль-ноль. Ваша каюта третья, если вы не захотите занять каюту четвёртую, пятую, шестую или седьмую. Пойдёмте, я вам покажу.

1. Для собеседников полёт на другую планету — это ... .
   а) рядовое событие
   б) нечто нереальное
   в) экстремальный случай

2. Антон и Вадим ... .
   а) являются коллегами по работе
   б) познакомились перед экспедицией
   в) старые друзья

3. Саул обратился к Антону и Вадиму ... .
   а) с просьбой передать посылку
   б) с интересным предложением
   в) с требованием отправиться в полёт

4. Антон и Вадим собирались на Пандору, чтобы ... .
   а) выполнить опасное задание
   б) вернуться домой
   в) хорошо провести время

5. Вадим хотел отказать Саулу, поскольку ... .
   а) не любил неожиданностей
   б) не хотел менять свои планы
   в) предпочитал не общаться с незнакомцами

6. Антон согласился лететь на другую планету ... .
   а) из любви к приключениям
   б) из чувства долга
   в) поскольку был романтиком

7. Незнакомец оказался ... .
   а) опытным путешественником
   б) научным сотрудником
   в) специалистом по XX веку

8. Друзья поняли, что в полёте Саул ... .
   а) будет бесполезен
   б) принесёт много пользы
   в) будет незаменим

9. По словам Саула, в космос нужно летать для … .
   а) развития космического туризма
   б) открытия новых миров
   в) благоустройства открытых планет

10. Встреча героев произошла … .
    а) на космодроме Земли
    б) на космической станции
    в) на стартовой площадке безымянной планеты

Активизация языковых и речевых навыков

Задание 1. **Приведите синонимы / антонимы следующих слов и выражений:** ⚷⇥

гигант, «молния», незнакомец, открыватель (первооткрыватель); неизвестная (планета), славный; подхватить, покоситься, развлекаться; значительно; впрочем

Задание 2. **Укажите русские эквиваленты интернациональных слов:** ⚷⇥

автомат, гигант, джунгли, идея, нюанс, пейзаж, пилот

Задание 3. **Укажите, из каких слов образованы следующие сложные слова:** ⚷⇥

доброволец, звездолёт, турперелёт

Задание 4. **Найдите однокоренные слова:** ⚷⇥

1. воздыхатель
2. газировка
3. окрестность
4. безымянный
5. необитаемый
6. обжитой
7. осведомиться
8. переглянуться

а. жизнь
б. обитатель
в. весть
г. вздох
д. взгляд
е. газ
ж. крест
з. имя

Задание 5. **а) Объясните разницу в значении следующих слов и выражений:**

портфель — сумка — рюкзак — чемодан — папка;
доброволец — наёмник — волонтёр — помощник;
экспедиция — командировка — поездка — путешествие;
каюта — купе — спальня;
череп — кости — скелет;
первичное описание — научный отчёт — инструкция по эксплуатации;
жёлтый карлик — красный гигант — Солнце — звезда

б) Составьте предложения с этими словами.

Задание 6. **Передайте смысл данных предложений и микротекстов другими словами.**

1. Таких планет сколько угодно.
2. Не всё ли равно?
3. Лично я, — подхватил Вадим, — уже раздарил знакомым черепа своих неубитых тахоргов.
4. Тон незнакомца его покоробил: это был не тот тон, к которому Вадим привык.
5. Пересылать мне нечего. У меня совсем другое… У меня есть к вам предложение.

6. Да что говорить! Почему вам не взять неизвестную планету?

7. — Надеюсь, я не вырвал согласие силой? Надеюсь, ваше согласие является в достаточной степени добровольным и свободным?

— А как же, — сказал Вадим. — Ведь что такое свобода? Осознанная необходимость. А все остальное — нюансы.

Задание 7. **Научные открытия дают человечеству новые возможности, которые со временем становятся обычным явлением. Примите участие в беседе «Научные экспедиции и космический туризм».**

Ваша задача:

— **высказать своё мнение, уточнить и обосновать его;**

— **согласиться или опровергнуть мнение собеседника,**

— **привести свои аргументы;**

— **привести сравнения, например прокомментировать мнение одного из героев текста:**

«Послушайте, молодые люди, вы совсем не похожи на туристов. Вы молодые, здоровые ребята-открыватели… Зачем это вам — обжитые планеты, электрифицированные джунгли, автоматы с газировкой в пустынях? Да что говорить! Почему вам не взять неизвестную планету?»;

— **привести примеры (например, проанализируйте цели и намерения героев текста совершить полёт на Пандору);**

— **выразить оценочное осуждение.**

*ТРКИ-2/ Говорение, задание 15.

ТЕКСТ 3.4.2

Объём текста: 661 слово.
Время выполнения задания: 30 мин.

Задание   Исторические события порой оказываются неожиданным образом связаны с нашей жизнью. Прочитайте отрывок из романа лауреата премии «Большая книга» 2013 года Евгения Водолазкина. Закончите предложения, выбрав правильный вариант. ⚷→

ЛАВР

В 1977 году Юрий Александрович Строев, без пяти минут кандидат исторических наук, Ленинградским университетом им. А.А. Жданова был послан в археологическую экспедицию в Псков. Диссертация Юрия Александровича, посвящённая раннему русскому летописанию, была почти окончена. Не хватало лишь содержащего выводы заключения, которое диссертанту почему-то не давалось. Как только он приступал к выводам, ему начинало казаться, что они неполны, упрощают его работу и в каком-то смысле сводят её на нет. Возможно, диссертант просто переутомился. По крайней мере так считал профессор Иван Михайлович Нечипорук, его научный руководитель. Который, собственно, и включил Строева в состав археологической экспедиции. Профессор полагал, что диссертанту нужно немного отдохнуть и выводы его выстроятся сами собой. У профессора был большой опыт руководства.

В Пскове участников экспедиции разместили на частных квартирах. Квартира Строева находилась в Запсковье, на улице Первомайской, недалеко от храма Спаса Нерукотворного Образа, построенного в великий мор 1487 года. Квартира состояла из двух комнат. В большей жила молодая женщина с сыном пяти лет, а в меньшую поселили Строева. Женщину, как ему сообщили, звали Александрой Мюллер, и она была русской немкой. <...>

Войдя, Строев увидел, что Александра с сыном пьют чай. И он пил чай вместе с ними.

Чем занимается ваша экспедиция, спросила Александра.

За стеной кто-то начал играть на скрипке.

Мы исследуем фундамент собора Иоанна Предтечи. За прошедшие столетия он значительно опустился. Строев медленно приблизил ладони к столу.

Ладони мальчика также едва касались стола. Заметив взгляд Строева, он стал водить пальцами по узорам клеёнки. Это были сложные и мелкие узоры, но пальцы мальчика были ещё мельче. С этой геометрией они легко справлялись.

При Иоанновом монастыре жил юродивый Арсений, называвший себя Устином, сказала Александра. У кладбищенской стены.

Сейчас там нет стены.

Нет даже кладбища. Александра подлила Строеву чая. Кладбище стало Комсомольской площадью.

А как же покойники, спросил мальчик. Что ли они стали комсомольцами?

Строев наклонился к самому уху ребёнка:

Это выяснится в ходе раскопок.

На следующий вечер они отправились гулять. Пересекли улицу Труда, дошли до Гремячей башни и там сидели на берегу Псковы. Мальчик бросал в реку камешки. Строев нашёл несколько осколков кафеля и пустил их по речной поверхности лягушкой. Самый большой подпрыгнул на воде пять раз.

В другой раз они отправились в Завеличье. Перейдя реку Великую по мосту Советской армии, направились в сторону Иоаннова монастыря. Подошли к собору и долго стояли на краю раскопа. По лесенке осторожно спустились вниз. Гладили древние камни, согревшиеся августовским вечером. Впервые за многие века согревшиеся. И впервые за многие века их кто-то гладил. Так думала Александра. Она представляла у этих камней древнего юродивого и не могла себе ответить, действительно ли верит тому, что о нём читала. А был ли, вообще говоря, юродивый? А была ли, спрашивается, его любовь? И если была, то во что же она превратилась за сотни ушедших лет? И кто тогда её чувствует, если любившие давно истлели? <...>

Потом они вернулись домой и пили чай, и за стеной опять зазвучала скрипка. <…>

Я преподаю в школе русский язык и литературу, сказала Александра, но это здесь мало кого интересует.

Строев взял из вазы печенье и прижал его к нижней губе.

А что их интересует?

Не знаю. Помолчав, она спросила:

А почему вы выбрали средневековую историю?

Трудно сказать… Может быть, потому, что средневековые историки не были похожи на нынешних. Для объяснения исторических событий они всегда искали нравственные причины. А непосредственной связи между событиями как бы не замечали. Или не придавали ей большого значения.

Как же можно объяснять мир, не видя связей, удивилась Александра.

Они смотрели поверх повседневности и видели высшие связи. А кроме того, все события связывало время, хотя такую связь эти люди не считали надёжной.

Мальчик держал печенье у нижней губы. Александра улыбнулась:

Саша копирует ваши жесты.

Через две недели Строев вернулся домой. Начинался семестр, и, вопреки ожиданиям, первое время он не чувствовал тоски. Не чувствовал он её и позднее, потому что все осенние месяцы был занят окончанием диссертации и подготовкой её к защите. В самом конце года Строев успешно защитился. Его диссертацией были довольны все, в особенности же профессор Нечипорук, убедившийся, что решение послать диссертанта на раскопки оказалось единственно правильным.

1. Юрий Александрович Строев … .
   а) был молодым кандидатом наук
   б) заканчивал кандидатскую диссертацию
   в) готовил к защите докторскую

2. Строев поехал в экспедицию … .
   а) по собственному желанию
   б) по распоряжению руководства университета
   в) по решению научного руководителя

3. Университетских археологов поселили … .
   а) у местных жителей
   б) в монастырских жилых помещениях
   в) в двухкомнатных квартирах

4. Участники экспедиции занимались … .
   а) поиском древних летописей
   б) документами по истории монастыря
   в) изучением основания храма

5. Территория Иоаннова монастыря … .
   а) сохранила первозданный вид
   б) изменилась до неузнаваемости
   в) была благоустроена

6. Хозяйка дома рассказала археологу … .
   а) о человеке, который когда-то жил на кладбище
   б) легенду о монахе Иоаннова монастыря
   в) историю любви Устина

7. Строев узнал об Александре, что она … .
   а) преподаватель истории
   б) увлекается археологией
   в) по образованию филолог

8. По мнению Юрия Александровича, средневековые историки ... .
   а) оценивали события с позиции нравственности
   б) искали связь времён
   в) учитывали фактор повседневности

9. За время работы в экспедиции Строев успел ... .
   а) познакомиться с городом
   б) поработать в архивах
   в) изучить окрестности Пскова

10. Профессор остался доволен ... .
   а) результатами экспедиции
   б) диссертацией Строева
   в) защитой диссертанта

Активизация языковых и речевых навыков

Задание 1. **Приведите синонимы / антонимы следующих слов и выражений:** ⌐

вывод, заключение, покойник, тоска, исследовать; непосредственный, переутомиться, не даётся (кому); придавать значение; великий мор

Задание 2. **Укажите, из каких слов образованы следующие сложные слова:** ⌐

комсомол, летописание, руководство, столетие, повседневный, средневековый

Задание 3. **Найдите однокоренные слова:** ⌐

1. осколок	а. место
2. поверхность	б. тлен
3. раскопки	в. просто
4. событие	г. расколоть
5. диссертант	д. копать
6. истлеть	е. сверху
7. разместить	ж. быть
8. упрощать	з. диссертация

Задание 4. **а) Объясните разницу в значении следующих слов и выражений:**

бакалавр — магистр — кандидат наук — доктор наук;
научный руководитель — руководитель — заведующий — директор — ректор;
юродивый — сумасшедший — больной;
надёжный человек — надёжная связь — надёжные связи
частная квартира — частный дом — частная собственность — частная жизнь — личная жизнь — личные вещи — личная собственность — интеллектуальная собственность;
узор — рисунок — чертёж — схема — план;
исследовать — расследовать — наследовать;
приступать к выводам — приступать к работе / к учёбе — приступать к делу

б) Составьте предложения с этими словами.

Задание 5. **Прочитайте фрагменты текста. Поставьте знаки препинания в предложениях с прямой речью.**

1. Войдя, Строев увидел, что Александра с сыном пьют чай. И он пил чай вместе с ними.

Чем занимается ваша экспедиция, спросила Александра.

За стеной кто-то начал играть на скрипке.

Мы исследуем фундамент собора Иоанна Предтечи. За прошедшие столетия он значительно опустился. Строев медленно приблизил ладони к столу.

2. При Иоанновом монастыре жил юродивый Арсений, называвший себя Устином, сказала Александра. У кладбищенской стены.

Сейчас там нет стены.

Нет даже кладбища. Александра подлила Строеву чая. Кладбище стало Комсомольской площадью.

А как же покойники, спросил мальчик. Что ли они стали комсомольцами?

Строев наклонился к самому уху ребёнка:

Это выяснится в ходе раскопок.

3. Я преподаю в школе русский язык и литературу, сказала Александра, но это здесь мало кого интересует.

Строев взял из вазы печенье и прижал его к нижней губе.

А что их интересует?

Не знаю. Помолчав, она спросила:

А почему вы выбрали средневековую историю?

Трудно сказать… Может быть, потому, что средневековые историки не были похожи на нынешних. Для объяснения исторических событий они всегда искали нравственные причины. А непосредственной связи между событиями как бы не замечали. Или не придавали ей большого значения.

Как же можно объяснять мир, не видя связей, удивилась Александра.

Они смотрели поверх повседневности и видели высшие связи. А кроме того, все события связывало время, хотя такую связь эти люди не считали надёжной.

Мальчик держал печенье у нижней губы. Александра улыбнулась:

Саша копирует ваши жесты.

Задание 6. **Передайте смысл данных предложений и микротекстов другими словами.**

1. В 1977 году Юрий Александрович Строев, без пяти минут кандидат исторических наук, Ленинградским университетом им. А. А. Жданова был послан в археологическую экспедицию в Псков.

2. Не хватало лишь содержащего выводы заключения, которое диссертанту почему-то не давалось.

3. Как только он приступал к выводам, ему начинало казаться, что они неполны, упрощают его работу и в каком-то смысле сводят её на нет.

4. Я преподаю в школе русский язык и литературу, сказала Александра, но это здесь мало кого интересует.

5. Квартира состояла из двух комнат. В большей жила молодая женщина с сыном пяти лет, а в меньшую поселили Строева. Женщину, как ему сообщили, звали Александрой Мюллер, и она была русской немкой. <…>

6. Начинался семестр, и, вопреки ожиданиям, первое время он не чувствовал тоски. Не чувствовал он её и позднее, потому что все осенние месяцы был занят окончанием диссертации и подготовкой её к защите.

7. Так думала Александра. Она представляла у этих камней древнего юродивого и не могла себе ответить, действительно ли верит тому, что о нём читала. А был ли, вообще говоря, юродивый? А была ли, спрашивается, его любовь? И если была, то во что же она превратилась за сотни ушедших лет? И кто тогда её чувствует, если любившие давно истлели?

Задание 7. Исторические события — «дела давно минувших дней» (А.С. Пушкин)? Примите участие в беседе «История и современность».

Ваша задача:

— **высказать своё мнение, уточнить и обосновать его;**

— **согласиться или опровергнуть мнение собеседника,**

— **привести свои аргументы;**

— **привести сравнения, например, прокомментировать диалог героев текста:**

«Я преподаю в школе русский язык и литературу, сказала Александра, но это здесь мало кого интересует.

Строев взял из вазы печенье и прижал его к нижней губе.

А что их интересует?

Не знаю. Помолчав, она спросила:

А почему вы выбрали средневековую историю?

Трудно сказать… Может быть, потому, что средневековые историки не были похожи на нынешних».

— **привести примеры, например прокомментировать размышления героини текста:**

«Она представляла у этих камней древнего юродивого и не могла себе ответить, действительно ли верит тому, что о нём читала. А был ли, вообще говоря, юродивый? А была ли, спрашивается, его любовь? И если была, то во что же она превратилась за сотни ушедших лет? И кто тогда её чувствует, если любившие давно истлели?»

— **выразить оценочное осуждение.**

*ТРКИ-2/ Говорение, задание 15.

М.Н. Макова, О.А. Ускова. В мире людей. Выпуск 3. Часть 1. Чтение. Говорение

129

ТЕКСТ 3.5.1

Объём текста: 588 слов.
Время выполнения задания: 30 мин.

Задание Сохранение культурного наследия — залог будущего развития общества. Прочитайте отрывок из фантастического романа Сергея Лукьяненко. Закончите предложения, выбрав правильный вариант. ⌐

ШЕСТОЙ ДОЗОР

Элен Киллоран была ирландкой — случай для московского Ночного Дозора редкий. У нас, конечно, полным-полно выходцев со всех республик бывшего Советского Союза. Поляк есть. Кореец.

Стажёры по обмену опытом вообще бывают отовсюду. Но они ненадолго приезжают, на год-два.

Когда-то, лет десять назад, приехала в Москву и Киллоран. Черноволосая, неторопливая, пунктуальная, застенчивая, непьющая — в общем, совершенно не похожая на ирландок, как их представляет массовая культура. Она была Иная пятого уровня, что её ничуть не смущало и не волновало. Её страстью была древность. Не будь она Иной — всё равно проводила бы всю жизнь в архивах, магия стала для неё лишь изюминкой в пироге из старых документов и артефактов.

Элен Киллоран обожала систематизировать. И Москва стала для неё раем, давно уже недостижимым в Европе.

Нет, у нас хорошие архивы. Там ничего не пропадает. Там всё надёжно лежит. Столетиями.

Я смутно помнил, что до Киллоран архивом заведовал весёлый общительный мужчина, у которого был один недостаток — он ничего не мог найти. Разве что случайно. А так — большее, на что мог рассчитывать посетитель, это открытая дверь и мощный фонарик, потому что проводка барахлила и в любой момент можно было остаться посреди огромного зала в полной темноте.

Элен за год навела в архиве порядок — точнее, то, что мы готовы были признать порядком. Потом она каталогизировала и классифицировала всё, включая неразобранные материалы — таких оказалось девяносто процентов. После чего сообщила Гесеру, что работы здесь на сорок-пятьдесят лет, поэтому она примет российское гражданство и заключит контракт с Ночным Дозором. Гесер вытаращил на неё глаза, сказал, что в качестве бонуса Дозор купит ей квартиру рядом с офисом. Элен смутилась и сказала, что ничего покупать не надо, достаточно оплачивать аренду. Гесер резонно объ-

яснил, что за полвека стоимость аренды составит несколько квартир, после чего приставил меня к Элен — помочь ей в прохождении бюрократических препон.

Как по мне — так надо было Элен на все формальности наплевать. И на гражданство, и на квартиру. Она всё равно в нашем архиве практически жила, выбираясь раз-два в неделю, — при архиве предусмотрительно была жилая комнатушка с санузлом. Но я честно помог ей справиться с московской бюрократией, после чего мы стали приятелями (в той мере, в какой можно было быть приятелем Элен, если ты не древний манускрипт).

Открыв дверь архива, я вошёл в огромный тёмный зал, уставленный стеллажами от пола до высоченного потолка. Таких залов в подвале было несколько десятков, но Элен всегда работала в первом, наверное, даже ей было здесь одиноко. Покашляв, чтобы как-то обозначить своё появление, я двинулся сквозь полутьму к ослепительному конусу света в центре зала. Элен сидела за столом, на котором высилась огромная картонная коробка из-под телевизора «Горизонт-112», и перебирала сложенные в коробку тоненькие школьные тетрадки. Над головой архивариуса горела одна-единственная мощная лампа в металлическом абажуре. На Элен были затёртые джинсы и тёплая вязаная кофта — отопление не могло согреть огромный подвал.

Моему появлению Элен искренне обрадовалась. Мне был предложен чай (от которого я вежливо отказался, что, впрочем, не помогло) и любая необходимая помощь. В качестве ответной любезности я побеседовал с Элен о творчестве Констебля и Тёрнера (моим вкладом в мини-лекцию было внимательное слушание и поддакивание) и выпил полкружки чая.

Мысленно я сделал себе заметку — надо организовать среди сотрудников дежурство по архиву и лазарету. Пусть периодически заходят с вопросами и делами к тем нашим сотрудникам, что закопались в своих берлогах. Кроме доктора и архивариуса, наверняка есть ещё кто-то. Учёные в научном отделе. Оружейники… хотя нет, вот к ним заходят часто и охотно. А у Киллоран я и сам невесть сколько времени не был, как бы не год или больше…

Надо, надо направлять молодёжь к нашим затворникам. И им веселее будет, и начинающим Иным — польза.

1. Элен Киллоран можно назвать типичным представителем … .
   а) своего народа
   б) московского офиса
   в) своей профессии

2. Элен приехала в Москву … .
   а) в качестве опытного работника
   б) по обмену опытом
   в) как представитель международной организации

3. Элен работает в архиве, потому что … .
   а) в Москве хорошие архивы
   б) её страсть — манускрипты
   в) ей помогает магия

4. Особенность московского архива — … .
   а) надёжное сохранение всех документов
   б) наличие хорошего каталога
   в) удобные условия для работы

5. Ирландский специалист осталась в Москве, потому что … .
   а) мечтала о российском гражданстве
   б) ей предоставили бесплатную квартиру
   в) там ей предстояла большая работа

6. Вопросы жилья Элен решала с Гесером, поскольку он … .
   а) был сотрудником архива
   б) являлся её начальником
   в) обещал оказать ей помощь

7. Архивариус обрадовалась приходу посетителя, потому что … .
   а) он ей нравится
   б) ей хочется похвастаться находками
   в) ей бывает скучно одной

8. Герой находится с Элен в … отношениях.
   а) официальных
   б) дружеских
   в) плохих

9. Сотрудники московского офиса … .
   а) не нуждаются в услугах архивариуса
   б) часто требуют архивные документы
   в) регулярно обращаются в архив

10. История, рассказанная героем, … .
    а) выглядит правдоподобной
    б) абсолютно невероятна
    в) типична для работы любого офиса

Активизация языковых и речевых навыков

Задание 1. Приведите синонимы / антонимы следующих слов и выражений: ☞

лазарет, недостаток, страсть; застенчивый, общительный; заведовать, пропадать, систематизировать; смутно, полным-полно; проходить препоны

Задание 2. Укажите русские эквиваленты интернациональных слов: ☞

артефакт, архив, бонус, бюрократ, магия, манускрипт, классифицировать, систематизировать

Задание 3. Укажите, из каких слов образованы следующие сложные слова: ☞

полвека, полкружки, полутьма, санузел, черноволосый

Задание 4. Найдите однокоренные слова: ☞

1. затворник
2. отопление
3. формальность
4. высоченный
5. ослепительный
6. вытаращить
7. поддакивать
8. предусмотрительно

а. слепой
б. таращиться
в. смотреть
г. да
д. затвориться
е. форма
ж. топить
з. высота

Задание 5. а) Объясните разницу в значении следующих слов и выражений:

барахло — барахольщик — барахолка — барахлить;
жилище — нора — берлога;
выходец — уроженец — коренной житель — быть родом (откуда?);
классика — андеграунд — массовая культура;
виноград — изюм — изюминка в пироге;
плевать — плевать на всё — наплевать на формальности;
приехать: в командировку — по обмену опытом — на учёбу — на отдых

б) Составьте предложения с этими словами.

Задание 6. Передайте смысл данных предложений и микротекстов другими словами.

1. Она была Иная пятого уровня, что её ничуть не смущало и не волновало.
2. И Москва стала для неё раем, давно уже недостижимым в Европе.
3. Как по мне — так надо было Элен на все формальности наплевать.
4. На Элен были затёртые джинсы и тёплая вязаная кофта — отопление не могло согреть огромный подвал.
5. Мысленно я сделал себе заметку — надо организовать среди сотрудников дежурство по архиву и лазарету.
6. Нет, у нас хорошие архивы. Там ничего не пропадает. Там всё надёжно лежит. Столетиями.
7. Я смутно помнил, что до Киллоран архивом заведовал весёлый общительный мужчина, у которого был один недостаток — он ничего не мог найти. Разве что случайно. А так — большее, на что мог рассчитывать посетитель, это открытая дверь и мощный фонарик, потому что проводка барахлила и в любой момент можно было остаться посреди огромного зала в полной темноте.

Задание 7. **Уважительное отношение к прошлому — показатель культуры общества. Примите участие в беседе «Хранители прошлого — кто они: романтики или прагматики?».**

Ваша задача:

— высказать своё мнение, уточнить и обосновать его;

— согласиться или опровергнуть мнение собеседника,

— привести свои аргументы;

— привести сравнения, например прокомментировать высказывание российского историка

Д.С. Лихачёва:

«Если человек не любит старые дома, старые улицы, пусть даже плохонькие, значит, у него нет любви к своему городу. Если человек равнодушен к памятникам истории своей страны, значит, он равнодушен к своей стране».

— привести примеры, например прокомментировать высказывание А.С. Пушкина:

«Уважение к минувшему — вот черта, отличающая образованность от дикости».

— выразить оценочное осуждение.

*ТРКИ-2/ Говорение, задание 15.

ТЕКСТ 3.5.2

Объём текста: 659 слов.
Время выполнения задания: 30 мин.

Задание **Премьера для артиста — это праздник или тяжёлое испытание? Прочитайте отрывок из романа Владимира Орлова и предложения, которые даны после текста. Закончите предложения, выбрав правильный вариант.** 🔑

АЛЬТИСТ ДАНИЛОВ

…Люди уже сидели в зале, хотя многие толпились ещё возле буфета. Кроме симфонии Переслегина, оркестр должен был исполнить Седьмую Прокофьева. Поначалу Переслегиным хотели закончить концерт, но композитор заявил: «Нет!» По мнению Переслегина, Прокофьев мог спасти репутацию оркестра и после провала его симфонии. «Ну и пусть, — решил Данилов. — Быстрее отыграю. И ладно».

Объявили симфонию. Данилов вышел в тишину. Как он играл и что он чувствовал, позже вспоминал он странным образом. Какими-то отрывками, видениями и взблесками. А ведь он привык к сцене, выступал в залах куда более вместительных, чем этот, аккомпанировал певцам театра в составе ансамблей или просто играл в секстете, но тогда он выходил на сцену спокойный, видел и ощущал всё, что было вокруг, — каждую пылинку на досках пола, каждый вздох, каждый кашель в зале. Здесь же он был словно замкнут в себе, он сам себя не слышал.

Всё стихло. И навсегда.

Потом всё ожило. Публика аплодировала шумно, благожелательно. Даже цветы бросали на сцену. Данилов раскланивался, дирижёр Чудецкий улыбался, пожимал Данилову руку, показывал публике на Данилова: мол, он виноват. Данилов, в свою очередь, показывал на Чудецкого, на валторниста, на кларнетиста, на оркестр. Отыскали автора, привели. И ему хлопали.

— Неужели всё? — спросил Данилов Переслегина.

— Но ведь, Владимир Алексеевич, — как бы извиняясь, сказал Переслегин, — звучало сорок четыре минуты. Куда уж больше!

— Нет, я не про это. Звук у нас как-то обрывается на лету…

— Он не обрывается, — горячо сказал Переслегин. — В том-то и дело. Он не обрывается и не замирает, он должен звучать дальше, вы разве не чувствуете?

— Вы так считаете? — задумался Данилов.

Со сцены следовало уходить. Публика из задних рядов потекла в фойе и к буфету. Пошли и оркестранты. В комнате за сценой Переслегин обнял Данилова, тут же отпрянул от него, сказал серьёзно:

— А ведь вы сыграли большее, нежели то, что я написал… Ведь что-то мощное вышло! Ужасное, гордое, высокое…

— Как же я мог сыграть большее, чем у вас есть? — удивился Данилов. — И играл не я, а оркестр, я солировал…

— Вы не спорьте со мной, — сказал Переслегин. — Я всё слышал, хоть и дрожал в уголке… На репетициях у вас не так выходило… ну, впрочем, это и понятно…

Данилов в сомнении и так, чтобы другие не видели, посмотрел на браслет. Нет, он был на сцене вполне человеком. К ним подошёл большой музыкант, поздравил и заявил Переслегину:

— Вы, сударь, этак всю музыку перевернёте…

— Да что вы! — чуть ли не взвился Переслегин. — Отчего же! У меня самая что ни на есть традиционная музыка… Ну отразились какие-то современные ритмы и голоса, вот и всё…

— Нет, сударь, — покачал головой большой музыкант, — это вам так кажется. — Тут он поклонился Данилову: — И к вашей игре, молодой человек, надо привыкнуть.

Он сослался на то, что его в фойе ждёт дама, и ушёл.

— Ну да, привыкнуть! — произнёс расстроенно Переслегин. — Вежливые слова.

<…>

Забежал Чудецкий, спросил, откуда Данилов с Переслегиным будут слушать Прокофьева. Данилов сказал, что из зала. Однако чувствовал, что ничто уже не сможет слушать сегодня, он с удовольствием отправился бы домой, но нехорошо было бы перед оркестрантами. Он их полюбил. Дождался третьего звонка и тихонько прошёл в зал. Альт оставил за сценой, теперь-то было можно, теперь-то что! Сидел в зале на жёстком стуле и приходил в себя. Будто возвращался откуда-то из недр или из высей. Уже не ощущал усталости, а возбуждался всё более и более и, хотя чувствовал, что сыграл хорошо, теперь желал исполнить симфонию Переслегина снова, тут же бы и исполнил, если б была возможность. Да и не один бы раз, а много раз, пока не утолил бы жажду и не успокоился. Он стал напевать свою партию. На него зашикали в темноте. «Извините», — пробормотал Данилов, очнувшись. Оркестр уже играл Прокофье-ва. Данилов пытался слушать приятных ему молодых людей, да и Прокофьева он любил, но ничего не смог с собой поделать. «Если бы меня сейчас снова выпустили на сцену!» — страдал Данилов. А тут уж и Прокофьев кончился. Данилов побежал за сцену, поздравлял артистов оркестра и Чудецкого, но слова путного не мог найти. Так, бормотал что-то радостное. Впрочем, никто, казалось, путных слов и не ждал. Чувства были нужны, и всё.

1. На концерте исполняли симфонию … .
   а) популярного композитора
   б) советского классика
   в) малоизвестного автора

2. В этом концерте альтист Данилов … .
   а) выступал в качестве аккомпаниатора
   б) участвовал в составе секстета
   в) был солистом

3. В этот раз Данилов … .
   а) был необычно спокоен
   б) переживал сильные эмоции
   в) играл как обычно

4. Исполненная симфония … .
   а) была принята с восторгом
   б) явно провалилась
   в) была встречена прохладно

5. После завершения выступления Данилова автор … .
   а) высказал свои замечания
   б) выразил своё восхищение
   в) не оценил игру исполнителей

6. Автор во время исполнения произведения … .
   а) был уверен в успехе
   б) был сдержан и замкнут
   в) очень волновался

7. По мнению известного музыканта, произведение… .
   а) является новаторским
   б) исполнено в современном стиле
   в) следует традициям русской классики

8. Альтист остался на концерте … .
   а) из уважения к оркестрантам
   б) из любви к Прокофьеву
   в) из-за усталости

9. Слушая музыку Прокофьева, Данилов … .
   а) наслаждался игрой оркестра
   б) думал о своём инструменте
   в) мечтал сыграть ещё раз

10. После завершения концерта все участники переживали … .
   а) чувство неудовлетворённости
   б) радостное возбуждение
   в) бесконечную усталость

Активизация языковых и речевых навыков

Задание 1. **Приведите синонимы / антонимы следующих слов и выражений:** ⌐

видение, недра, провал; исполнять, произнести, стихнуть, замкнуться в себе, приходить в себя; словно, на лету; Куда уж больше!

Задание 2. **Укажите русские эквиваленты интернациональных слов:** ⌐

репутация, партия, аккомпанировать, аплодировать

Задание 3. **Найдите однокоренные слова:** ⌐

1. отрывок
2. пылинка
3. вместительный
4. обрываться
5. отразиться
6. раскланиваться
7. толпиться
8. тихонько

а. место
б. толпа
в. поклон
г. тишина
д. пыль
е. оторвать
ж. отражение
з. обрыв

Задание 4. **а) Объясните разницу в значении следующих слов и словосочетаний:**

фойе — партер — амфитеатр — ложа;
буфет — закусочная — рюмочная — кафе;
провал — проигрыш — поражение;
оркестр — ансамбль — секстет — квартет — трио — дуэт — солист — дирижёр;
концерт — симфония — пьеса — музыкальное произведение;
публика — зрители — слушатели;
поклониться — поклон; поклоняться — поклонник;
голод — жажда — голодать — жаждать — духовный голод — утолить жажду

б) Составьте предложения с этими словами.

Задание 5. **Передайте смысл данных предложений и микротекстов другими словами.**

1. Публика из задних рядов потекла в фойе и к буфету.
2. Поначалу Переслегиным хотели закончить концерт, но композитор заявил: «Нет!»
3. По мнению Переслегина, Прокофьев мог спасти репутацию оркестра и после провала его симфонии.
4. Данилов раскланивался, дирижёр Чудецкий улыбался, пожимал Данилову руку, показывал публике на Данилова: мол, он виноват.
5. Забежал Чудецкий, спросил, откуда Данилов с Переслегиным будут слушать Прокофьева. Данилов сказал, что из зала.

6. К ним подошёл большой музыкант, поздравил и заявил Переслегину.

— Вы, сударь, этак всю музыку перевернёте…

— Да что вы! — чуть ли не взвился Переслегин. — Отчего же! У меня самая что ни на есть традиционная музыка… Ну отразились какие-то современные ритмы и голоса, вот и всё…

7. Данилов пытался слушать приятных ему молодых людей, да и Прокофьева он любил, но ничего не смог с собой поделать. «Если бы меня сейчас снова выпустили на сцену!» — страдал Данилов. А тут уж и Прокофьев кончился. Данилов побежал за сцену, поздравлял артистов оркестра и Чудецкого, но слова путного не мог найти.

8. Дождался третьего звонка и тихонько прошёл в зал. Альт оставил за сценой, теперь-то было можно, теперь-то что!

Задание 6. **В современном обществе сложился стереотип о том, что классическое и современное искусство прямо противоположны друг другу. Примите участие в беседе «Классика сегодня актуальна?».**

Ваша задача:

— высказать своё мнение, уточнить и обосновать его;

— согласиться или опровергнуть мнение собеседника, привести свои аргументы;

— привести примеры, например прокомментировать отрывок из текста:

«Кроме симфонии Переслегина, оркестр должен был исполнить Седьмую Прокофьева. Поначалу Переслегиным хотели закончить концерт, но композитор заявил: "Нет!" По мнению Переслегина, Прокофьев мог спасти репутацию оркестра и после провала его симфонии».

— привести сравнения, например прокомментировать диалог композитора и музыканта:

«К ним подошёл большой музыкант, поздравил и заявил Переслегину.

— Вы, сударь, этак всю музыку перевернёте…

— Да что вы! — чуть ли не взвился Переслегин. — Отчего же! У меня самая что ни на есть традиционная музыка… Ну отразились какие-то современные ритмы и голоса, вот и всё…»

— выразить оценочное осуждение.

***ТРКИ-2/ Говорение, задание 15.**

КЛЮЧИ

Текст 3.1.1

ТЕСТ. 1. в. 2. б. 3. б. 4. в. 5. а. 6. в. 7. в. 8. а. 9. а. 10. б

Задание 2. **рай** *Антоним:* ад; **дряблый** *Синонимы:* бессильный / вялый *Антонимы:* упругий / гибкий; **причудливый** *Синонимы:* оригинальный / необыкновенный *Антоним:* обычный; **прочный** *Синонимы:* крепкий / надёжный *Антоним:* шаткий; **тесный** *Синоним:* узкий *Антоним:* просторный; **унылый** *Синонимы:* грустный / тоскливый / меланхолический *Антоним:* весёлый; **чопорный** *Синоним:* делает важный вид *Антонимы:* простой / естественный; **чудовищный** *Синоним:* ужасный *Антоним:* прекрасный; **покориться** *Синонимы:* сдаться / смириться *Антоним:* освободиться; **непременно** *Синоним:* обязательно *Антоним:* вряд ли; **точь-в-точь** *Синонимы:* такой же / один-в-один *Антоним:* непохожий; **разумеется** *Синоним:* конечно *Антоним:* вряд ли; **греметь оружием** *Синоним:* воевать; **ни черта не выйдет** *Синоним:* ничего не получится *Антоним:* всё получится

Задание 3. владеть / восток; два / этаж; недолго / вечный; низкий / рослый; новый / модный; две / глава (голова)

Задание 4. 1. в. 2. з. 3. г. 4. е. 5. б. 6. а. 7. д. 8. ж

Текст 3.1.2

ТЕСТ. 1. б. 2. а. 3. в. 4. а. 5. б. 6. б. 7. в. 8. б. 9. а. 10. б. 11. а

Задание 2. **надобность** *Синонимы:* нужда / дело *Антоним:* ненужность; **олух** *Синонимы:* дурак / глупец *Антоним:* умник; **пристрастие** *Синонимы:* предпочтение / тяга *Антоним:* неприятие; **провинциал** *Антоним:* столичный житель; **срам** *Синоним:* стыд *Антоним:* бесстыдство; **упрёк** *Синоним:* обвинение *Антоним:* оправдание; **заморский** *Синоним:* импортный *Антоним:* отечественный; **выведывать** *Синонимы:* выспрашивать / выпытывать *Антоним:* не интересоваться; **достать** *Синонимы:* купить / приобрести / взять *Антоним:* продать; **остолбенеть** *Синоним:* замереть *Антоним:* двигаться; **развлекать** *Синоним:* веселиться *Антоним:* огорчать; **нараспашку** *Синонимы:* вольно / открыто *Антоним:* несвободно; **противно** *Синоним:* неприятно *Антоним:* приятно; **совестно** *Синонимы:* неловко *Антоним:* приятно; **душа в душу** *Синоним:* дружно *Антонимы:* как кошка с собакой / разлад / в ссоре

Задание 3. благо / дать; сам / варит; разные / образы

Задание 4. 1. е. 2. з. 3. ж. 4. д. 5. а. 6. б. 7. г. 8. в

Текст 3.2.1

ТЕСТ. 1. б. 2. а. 3. б. 4. в. 5. а. 6. а. 7. в. 8. а. 9. в. 10. в

Задание 1. **преемственность** *Синоним:* передача; **служитель (искусства)** *Синонимы:* артист / художник / поэт / музыкант *Антонимы:* поклонник / любитель; **безлюдный** *Синонимы:* пустой / пустынный *Антоним:* многолюдный; **напряжённый** *Синонимы:* усиленный / интенсивный *Антонимы:* спокойный / размеренный; **приметный** *Синоним:* заметный *Антонимы:* незаметный / неприметный; **причислять** *Синонимы:* считать / относить *Антоним:* не относить; **разобраться** *Синоним:* понять *Антоним:* запутаться; **неловко** *Синонимы:* неудобно / некстати *Антоним:* запросто; **на днях** *Синонимы:* скоро / недавно *Антонимы:* когда-нибудь / давно; **путём** *Синоним:* при помощи (чего?)

Задание 2. вино / делать; вино / дело; один / образ; серый / глаз

Задание 3. 1. г. 2. з. 3. д. 4. б. 5. е. 6. и. 7. в. 8. а. 9. ж

Текст 3.2.2

ТЕСТ. 1. б. 2. в. 3. б. 4. а. 5. а. 6. в. 7. а. 8. б. 9. в. 10. б

Задание 1.   **беда** *Синонимы:* несчастье / неприятность / проблема *Антонимы:* радость / удача; **благоговение** *Синоним:* обожание *Антоним:* презрение; **наглость** *Антоним:* скромность; **намерение** *Синонимы:* план / стремление; **показательный** *Синоним:* образцовый *Антоним:* отстающий / захудалый; **рядовой** *Синоним:* обычный *Антоним:* исключительный; **снисходительный** *Синоним:* добродушный *Антоним:* требовательный; **наказывать** *Антоним:* поощрять; **обволакивать** *Синонимы:* обнимать / укрывать; **приобщать** *Синоним:* приучать *Антоним:* отучать; **убаюкивать** *Синоним:* усыплять *Антоним:* будить; **надлежит** *Синоним:* следует; **сладилось** *Синонимы:* удалось / получилось *Антоним:* не вышло; **чрезмерно** *Синонимы:* слишком / очень *Антонимы:* немного / чуть; **вяло** *Синоним:* лениво *Антоним:* энергично; **нести свет в массы** *Синонимы:* образовывать / просвещать людей *Антоним:* держать в невежестве; **кое-как** *Синонимы:* с трудом / небрежно *Антонимы:* легко / хорошо / старательно

Задание 2.   хлопки, литература, исследование, словесник, словарь-справочник

Задание 3.   районо / гороно / облоно; зам. директора, зав. кафедрой / зав. отделом

Задание 4.   1. г. 2. ж. 3. е. 4. а. 5. б. 6. з. 7. д. 8. в

Задание 6.   1. Передавая работу своему руководителю, я имел наглость пошутить: «Боюсь, что со знаками препинания у меня не всё в порядке». 2. Говоря о моей работе, он сказал: «Работа превосходная, только со знаками препинания не всё в порядке». 3. Меня хвалили, поздравляли: «Несмотря на бывшее ранение, вы всё же написали, поработали, использовали множество литературы». 4. «Да я, — кричал я, — готовил себя к научной работе, а не к учительствованию! Вы понимаете, что вы мне предлагаете?» — «Да мы, — кричали они с благоговением, — всё понимаем! Мы ведь не в какую-нибудь обыкновенную школу вас направляем!»

Текст 3.3.1

ТЕСТ. 1. в. 2. б. 3. в. 4. в. 5. б. 6. б. 7. а. 8. в. 9. б. 10. а

Задание 1.   **испуг** *Синонимы:* напряжение / страх *Антонимы:* смелость / храбрость; **нарядный** *Синонимы:* красивый / праздничный *Антонимы:* неброский / повседневный; **сверхъестественный** *Синонимы:* магический / волшебный *Антонимы:* естественный / материальный; **славный** *Синонимы:* замечательный / прекрасный / особенный *Антонимы:* скучный / неинтересный; **ручаться** *Синоним:* обещать *Антоним:* не подтверждать; **сбиться** *Синонимы:* ошибиться / запутаться; **смутиться** *Синонимы:* застесняться / оробеть *Антоним:* не растеряться; **сверкающий** *Синоним:* блестящий *Антоним:* тусклый; **пристально** *Синоним:* внимательно *Антоним:* рассеянно; **напротив** *Синоним:* наоборот *Антоним:* именно поэтому

Задание 2.   миф / творить; четыре / стих

Задание 3.   1. ж. 2. г. 3. з. 4. е. 5. д. 6. а. 7. б. 8. в

Текст 3.3.2

ТЕСТ. 1. в. 2. а. 3. в. 4. б. 5. а. 6. в. 7. б. 8. б. 9. б. 10. а

Задание 1.   **дражайший** *Синоним:* дорогой; **славный** *Синонимы:* замечательный / особенный / приятный *Антонимы:* неприятный / отвратительный; **остолбенеть** *Синоним:* застыть *Антоним:* оживиться; **торопиться** *Синоним:* спешить *Антоним:* медлить; **вовсе не** (устал) *Синоним:* совсем не (устал) *Антоним:* очень (устал); **возле** *Синонимы:* около / рядом *Антоним:* вдалеке; **едва** *Синоним:* еле-еле *Антоним:* что было мочи; **быть в отставке** *Синонимы:* уйти со службы / уволиться *Антоним:* поступить на службу; **жадно схватил его руку** *Синоним:* крепко схватил его руку *Антоним:* вяло пожал руку

Задание 3.   1. г. 2. д. 3. е. 4. а. 5. ж. 6. з. 7. б. 8. в

Задание 5.   1. Печорин *был погружён в задумчивость*, глядя на синие зубцы Кавказа, и, кажется, *вовсе не торопился* в дорогу. 2. Если вы захотите ещё немного подождать, — сказал я, — *то будете иметь удовольствие увидаться со старым приятелем*. 3. Я обернулся к площади и увидел Максима Максимыча, *бегущего что было* мочи. 4. Он *едва* мог дышать; пот градом катился *с лица его.* 5. Ведь вы были *страстный охотник стрелять.* 6. *Право,* мне нечего рассказывать, 7. Да подождите, *дражайший!.. Неужто* сейчас расстанемся?.. 8. Ну *полно, полно!* — сказал Печорин, *обняв его дружески,* — *неужели я не тот же?..* Что делать?.. *всякому своя дорога…* 9. … конечно, мы были *приятели,* — *ну, да что приятели в нынешнем веке!.. Что ему во мне? Я не богат, не чиновен, да и по летам совсем ему не пара…*

Текст 3.4.1

ТЕСТ. 1. а. 2. в. 3. б. 4. в. 5. б. 6. в. 7. в. 8. а. 9. б. 10. а

Задание 1. **гигант** *Синоним:* великан *Антонимы:* карлик / малыш; **«молния»** *Синоним:* застёжка; **незнакомец** *Синоним:* неизвестный *Антоним:* знакомый; **открыватель** *Синонимы:* первопроходец / пионер *Антоним:* последователь; **неизвестная** (планета) *Синонимы:* неизученная / неизведанная *Антонимы:* обитаемая / обжитая; **славный** *Синонимы:* замечательный / хороший *Антонимы:* плохой / неудачный; **подхватить** *Синоним:* продолжить *Антоним:* закончить; **покоситься** *Синоним:* взглянуть вбок *Антоним:* рассмотреть; **развлекаться** *Синоним:* веселиться *Антоним:* работать; **значительно** *Синоним:* важно; **впрочем** *Синоним:* однако

Задание 2. машина, великан, лес (тропический), мысль, частность, вид, лётчик

Задание 3. добрая / воля; звезда / летать; туристический / перелёт

Задание 4. 1. г. 2. е. 3. ж. 4. з. 5. б. 6. а. 7. в. 8. д

Текст 3.4.2

ТЕСТ. 1. б. 2. в. 3. а. 4. в. 5. б. 6. а. 7. в. 8. а. 9. а. 10. б

Задание 1. **вывод** *Синоним:* итог; **заключение** *Антоним:* вступление; **покойник** *Синоним:* мертвец *Антоним:* живой; **тоска** *Синонимы:* грусть / печаль *Антонимы:* веселье / радость; **исследовать** *Синоним:* изучать; **непосредственный** *Синоним:* прямой *Антоним:* опосредованный; **переутомиться** *Синоним:* устать *Антоним:* отдохнуть; **не даётся** (кому?) *Синонимы:* не получается / не выходит (у кого?) *Антоним:* удаётся; **придавать значение** *Синоним:* обращать внимание *Антоним:* не замечать; **великий мор** *Синоним:* эпидемия

Задание 2. Коммунистический союз молодёжи; лето (год) / писание; рука / водить; сто лет; по всем дням; Средние века

Задание 3. 1. г. 2. е. 3. д. 4. ж. 5. з. 6. б. 7. а. 8. в

Текст 3.5.1

ТЕСТ. 1. в. 2. б. 3. б. 4. а. 5. в. 6. б. 7. в. 8. б. 9. а. 10. а

Задание 1. **лазарет** *Синоним:* больница; **недостаток** *Синонимы:* минус / несовершенство *Антоним:* достоинство; **страсть** *Синоним:* любовь *Антоним:* равнодушие; **застенчивый** *Синоним:* скромный *Антоним:* самоуверенный; **общительный** *Синоним:* коммуникабельный *Антоним:* замкнутый; **заведовать** *Синонимы:* управлять / руководить; **пропадать** *Синоним:* теряться *Антоним:* находиться; **смутно** *Синоним:* с трудом *Антонимы:* отлично / явно; **полным-полно** *Синоним:* очень много *Антоним:* очень мало; **проходить препоны** *Синонимы:* преодолевать препятствия / справляться *Антонимы:* предоставлять преимущества / давать преимущества

Задание 2. древность (вещь), хранилище, премия, чиновник, волшебство, рукопись; распределять, упорядочивать

Задание 3. половина / век; половина / кружка; половина / тьма; санитарный узел; черный / волос

Задание 4. 1. д. 2. ж. 3. е. 4. з. 5. а. 6. б. 7. г. 8. в

Текст 3.5.2

ТЕСТ. 1. в. 2. в. 3. б. 4. а. 5. б. 6. в. 7. а. 8. а. 9. в. 10. б

Задание 1. **видение** *Синоним:* образ; **недра** *Синоним:* глубины *Антоним:* выси; **провал** *Синоним:* неудача *Антоним:* успех; **исполнять** *Синоним:* играть; **произнести** *Синоним:* сказать *Антоним:* промолчать; **стихнуть** *Синонимы:* замолкнуть / перестать *Антонимы:* ожить / зазвучать; **замкнуться в себе** *Синоним:* уйти в себя *Антоним:* быть открытым; **приходить в себя** *Синоним:* успокаиваться *Антонимы:* выходить из себя / не сдерживаться; **словно** *Синоним:* как будто *Антоним:* по-настоящему; **на лету** *Синоним:* неожиданно; **Куда уж больше!** *Синоним:* Больше некуда! *Антонимы:* Куда уж меньше! / Меньше некуда!

Задание 2. мнение (имя), часть (роль), сопровождать, хлопать

Задание 3. 1. е. 2. д. 3. а. 4. з. 5. ж. 6. в. 7. б. 8. г

ЛЕКСИКО-ГРАММАТИЧЕСКИЙ ТЕСТ 🗝

ЧАСТЬ 1

В заданиях 1–37 выберите правильный вариант ответа и отметьте его в рабочей матрице.

1. В работе не хватало лишь …, содержащего выводы.	(А) заключения (Б) приключения (В) отключения (Г) включения
2. Моим … в мини-лекцию было внимательное слушание и поддакивание.	(А) взносом (Б) замечанием (В) вкладом (Г) дополнением
3. Много лет назад здесь был похоронен известный поэт, … этих мест.	(А) соотечественник (Б) гражданин (В) земляк (Г) уроженец
4. Мысленно я сделал себе … — надо организовать среди сотрудников дежурство по архиву и лазарету.	(А) напоминание (Б) запись (В) заметку (Г) отметку
5. Я передам ей, как говорится, все свои секреты … вина.	(А) изготовления (Б) готовности (В) подготовки (Г) готовки
6. Покашляв, чтобы как-то обозначить своё … , я двинулся сквозь полутьму.	(А) явление (Б) проявление (В) появление (Г) выявление
7. В качестве ответной … я побеседовал с Элен о творчестве Констебля и Тёрнера.	(А) вежливости (Б) любви (В) услуги (Г) любезности
8. По мнению Переслегина, Прокофьев мог спасти репутацию оркестра и после … его симфонии.	(А) аншлага (Б) успеха (В) неудачи (Г) провала
9. Я выбрал … после войны низенький дом над морем.	(А) целый (Б) цельный (В) уцелевший (Г) прицельный
10. То есть, разумеется, архитектура была совсем …, но чередование лачуг и дворцов, тесных улиц и пустырей было совершенно московским.	(А) любая (Б) всякая (В) разнообразная (Г) другая

142

М.Н. Макова, О.А. Ускова. В мире людей. Выпуск 3. Часть 1. Чтение. Говорение

11. Я читал, что Владивосток — … дыра, просто деревня!	(А) чудесная (Б) чудная (В) чудовищная (Г) чудная
12. В этих безлюдных местах я выбрал самое … место.	(А) уединенное (Б) единственное (В) единичное (Г) единое
13. Люди, … радости победы, были чрезмерно снисходительны к одному маленькому представителю победившей армии.	(А) полные (Б) исполнившие (В) исполнительные (Г) преисполненные
14. Гость предполагал, что ему поручат заведование кафедрой в пединституте этого … городка.	(А) худого (Б) захудалого (В) худшего (Г) похудевшего
15. — А что же вы запомнили лучше всего? — Что? — … Люба.	(А) попросила (Б) переспросила (В) упросила (Г) допросила
16. Но я честно помог ей … с московской бюрократией, после чего мы стали приятелями.	(А) справиться (Б) управиться (В) направиться (Г) отправиться
17. По левой руке … кряж однообразных горбатых вершин.	(А) тянулся (Б) длился (В) продолжался (Г) находился
18. Фандорин всё … из окошка кареты.	(А) приглядывался (Б) заглядывал (В) выглядывал (Г) вглядывался
19. В Петербурге провинциал мысленно … в свой город.	(А) заносится (Б) вносится (В) переносится (Г) относится
20. Провинциальный эгоизм … войну всему, что провинциал видит в столице.	(А) заявляет (Б) объявляет (В) проявляет (Г) выявляет
21. Луна ещё не … .	(А) пришла (Б) взошла (В) зашла (Г) ушла

22. На этом разговор о будущем человечества … .	(А) прервался (Б) порвался (В) оторвался (Г) зарвался
23. Мне столько бы хотелось вам сказать, столько обо всём … .	(А) упросить (Б) расспросить (В) опросить (Г) переспросить
24. У меня всё это … едва приметную, но законную грусть.	(А) отзывать (Б) вызывало (В) называло (Г) призывало
25. Мастер должен … своё искусство ученикам.	(А) сдавать (Б) выдавать (В) отдавать (Г) передавать
26. Если …, в этой ночи не было ничего особенного.	(А) разобраться (Б) браться (В) убраться (Г) прибраться
27. Ну, как вы …? — сказал Печорин.	(А) проживаете (Б) переживаете (В) выживаете (Г) поживаете
28. Он едва мог дышать; пот градом … с лица его.	(А) тащился (Б) катился (В) полз (Г) лез
29. Новомодная улица Гиндза изо всех сил пыталась … Невским проспектом.	(А) раскинуться (Б) прикинуться (В) кинуться (Г) накинуться
30. Элен … и сказала, что ничего покупать не надо, достаточно оплачивать аренду.	(А) распустилась (Б) спустилась (В) напустилась (Г) смутилась
31. Сидел в зале на жёстком стуле и … в себя.	(А) заходил (Б) приходил (В) входил (Г) выходил
32. Публика аплодировала шумно, … .	(А) благожелательно (Б) благонадёжно (В) благополучно (Г) благотворительно

33. Нет, он был на сцене … человеком.	(А) полным (Б) полно (В) полностью (Г) вполне
34. А ведь вы сыграли большее, нежели то, что я написал. Ведь … мощное вышло!	(А) что-то (Б) что-нибудь (В) что-либо (Г) кое-что
35. — Какие слова? — Да … их трудно даже вам рассказать.	(А) как-либо (Б) как-то (В) как-нибудь (Г) кое-как
36. Будто возвращался … из недр или из высей.	(А) куда-либо (Б) откуда-то (В) откуда-нибудь (Г) кое-куда
37. Чувства были нужны, и … .	(А) всего-то (Б) всего (В) всё (Г) все

ЧАСТЬ 2

В заданиях 38–62 выберите правильный вариант ответа и отметьте его в рабочей матрице.

38. Говоря это, он уже … в коляске.	(А) сел (Б) садился (В) сидел (Г) сядет
39. … она Иной — всё равно проводила бы всю жизнь в архивах.	(А) Не будет (Б) Не была (В) Не будь (Г) Не быть
40. На репетициях у вас не так … .	(А) выходили (Б) выходил (В) выходила (Г) выходило
41. Однако чувствовал, что ничто уже не сможет слушать сегодня, он с удовольствием … домой, но нехорошо было бы перед оркестрантами.	(А) отправился бы (Б) отправился (В) отправлялся (Г) отправлялся бы
42. Уже не ощущал усталости, а возбуждался всё более и более и теперь желал исполнить симфонию снова, тут же …, если б была возможность.	(А) исполнил (Б) и исполнял (В) исполнял бы (Г) бы и исполнил

М.Н. Макова, О.А. Ускова. В мире людей. Выпуск 3. Часть 1. Чтение. Говорение

145

43. «… меня сейчас снова выпустили на сцену!» — страдал Данилов.	(А) Если и (Б) И если (В) Если бы (Г) Если
44. «Человек … для счастья, как птица для полёта».	(А) созданный (Б) создан (В) создаётся (Г) создающий
45. Печорин … в задумчивость, глядя на синие зубцы Кавказа.	(А) был погружённый (Б) был погружён (В) погрузивший (Г) погружаемый
46. Город показался Эрасту Петровичу удивительно … на родную Москву.	(А) похоже (Б) похожим (В) похож (Г) похожий
47. Почему-то эта ночь показалась мне … .	(А) необыкновенной (Б) необыкновенна (В) необыкновенная (Г) необыкновенную
48. Он выходил на сцену …, видел и ощущал всё, что было вокруг.	(А) спокойной (Б) спокоен (В) спокойна (Г) спокойный
49. Мне предстоит серьёзная работа над диссертацией, которая без городской библиотеки … .	(А) невозможны (Б) невозможной (В) невозможная (Г) невозможна
50. … первые впечатления провинциала в Петербурге.	(А) Тяжёлые (Б) Тяжелы (В) Тяжёлыми (Г) Тяжёл
51. Элен Киллоран была ирландкой — случай для московского Ночного Дозора … .	(А) был редким (Б) редким (В) редкий (Г) редок
52. Удастся ли ещё … , — бог знает!	(А) встречаться (Б) встретиться
53. Фандорин всё … из окошка.	(А) выглядывал (Б) выглянул
54. Я его не читала. Не … его книгу.	(А) достала (Б) доставала
55. Старик был печален и сердит, хотя старался … это.	(А) скрывать (Б) скрыть

56. Он стал … свою партию.	(А) напевать (Б) напеть
57. У меня остались ваши бумаги, я их таскаю с собой, думал … вас в Грузии.	(А) искать (Б) найти
58. Не так я думал с вами … .	(А) встретиться (Б) встречаться
59. Максим Максимыч стал его упрашивать … с ним ещё часа на два.	(А) оставаться (Б) остаться
60. Как только он приступал к выводам, ему … казаться, что они неполны.	(А) начинало (Б) начало
61. Стоило мне, например, … , что Гоголь — великий русский писатель, как тотчас раздавались аплодисменты в мою честь.	(А) заявлять (Б) заявить
62. Архивом заведовал весёлый общительный мужчина, у которого был один недостаток — он ничего не мог … .	(А) находить (Б) найти

ЧАСТЬ 3

В заданиях 63–94 выберите правильный вариант ответа и отметьте его в рабочей матрице.

63. … бесконечно жаль, что я не могу пройти этот путь снова и снова.	(А) Я (Б) Меня (В) Мне (Г) У меня
64. Девушка несла … целый мир мыслей, чистоты, волнения и весёлости.	(А) о себе (Б) для себя (В) при себе (Г) с собой
65. Вот тогда мы с англичанами поспорили бы, … править на Тихом океане.	(А) кто (Б) кого (В) кому (Г) с кем
66. Большее, … мог рассчитывать посетитель, — это открытая дверь и мощный фонарик.	А) на что (Б) на чего (В) для чего (Г) о чём
67. Зачем владеть чужими землями, если и … никак не можешь навести порядок?	(А) со своими (Б) в своих (В) для своих (Г) в свои
68. Как сделать, чтоб правили те, у кого … талант и призвание?	(А) в этом (Б) с этим (В) для этого (Г) к этому

69. Беда наша …, что Россия повёрнута лицом на Запад.	(А) с тем (Б) к тому (В) для того (Г) в том
70. Эгоизм его объявляет войну …, что он видит здесь.	(А) обо всём (Б) всему (В) от всего (Г) для всего
71. Я просидел в деревне целый день, стараясь услышать что-нибудь … не слышанное.	(А) никто (Б) никем (В) ни с кем (Г) никого
72. «Тебе … бояться меня», — серьёзно сказал он.	(А) нечего (Б) ничего (В) ни с чем (Г) ни о чём
73. Далеко-далеко отсюда я увидел тебя … .	(А) в сон (Б) во сне (В) для сна (Г) на сон
74. … предусмотрительно была жилая комнатушка с санузлом.	(А) При архиве (Б) В архиве (В) У архива (Г) Около архива
75. Девочка помчалась бы прочь, заплакав … .	(А) на страх (Б) из-за страха (В) из страха (Г) от страха
76. Корабль подойдёт к самому берегу … прекрасной музыки.	(А) в звуках (Б) на звуки (В) со звуками (Г) под звуки
77. «Я к вам … пришла», — сказала Люба.	(А) по делу (Б) для дела (В) с делом (Г) к делу
78. — Э-хе-хе! — старик постучал пальцами … .	(А) на столе (Б) по столу (В) об стол (Г) против стола
79. На него зашикали … .	(А) темнота (Б) по темноте (В) в темноте (Г) в темноту

148

М.Н. Макова, О.А. Ускова. В мире людей. Выпуск 3. Часть 1. Чтение. Говорение

80. Поначалу … хотели закончить концерт, но композитор заявил: «Нет!»	(А) Переслегину (Б) с Переслегиным (В) Переслегина (Г) Переслегиным
81. Я открыл этот новый сорт вина … сочетания разных веществ.	(А) в пути (Б) по пути (В) путём (Г) на пути
82. Бедный старик ещё стоял на том же месте … .	(А) в задумчивости (Б) в задумчивость (В) на задумчивость (Г) с задумчивостью
83. Не хватало лишь заключения, которое … почему-то не давалось.	(А) с диссертантом (Б) диссертанту (В) к диссертанту (Г) для диссертанта
84. Строев, вопреки … , не чувствовал тоски.	(А) ожиданий (Б) ожиданиям (В) с ожиданиями (Г) к ожиданиям
85. Люди были снисходительны … .	(А) перед победителем (Б) с победителем (В) к победителю (Г) из-за победителя
86. Фандорин рассматривал причудливое смешение … .	(А) из причёсок и одежд (Б) с причёсками и одеждами (В) причёсок и одежд (Г) для причёсок и одежд
87. Чопорная Тверская изо всех сил стремилась прикинуться … .	(А) на Невский проспект (Б) как Невский проспект (В) с Невским проспектом (Г) Невским проспектом
88. Мне хотелось уйти на время … .	(А) из напряжённой московской жизни (Б) к напряжённой московской жизни (В) от напряжённой московской жизни (Г) в напряжённую московскую жизнь
89. Всё это я принял … .	(А) в свой счёт (Б) к своему счёту (В) на свой счёт (Г) со своего счёта
90. Стажёры … вообще бывают отовсюду.	(А) по обмену опытом (Б) для обмена опытом (В) при обмене опытом (Г) в целях обмена опытом

М.Н. Макова, О.А. Ускова. В мире людей. Выпуск 3. Часть 1. Чтение. Говорение

149

91. Но они ненадолго приезжают, … .	(А) за год-два (Б) на год-два (В) год-два (Г) через год-два
92. Эллен сообщила Гесеру, что работы здесь …, поэтому она примет российское гражданство и заключит контракт с Ночным Дозором.	А) на сорок-пятьдесят лет (Б) за сорок-пятьдесят лет (В) в течение сорока-пятидесяти лет (Г) сорок-пятьдесят лет
93. Дом стоял … от ближайшего посёлка.	(А) в три километра (Б) в трёх километрах (В) на три километра (Г) от трёх километров
94. Гость предполагал, что ему поручат … заведование кафедрой в пединституте этого городка.	(А) по меньшей мере (Б) в меньшей мере (В) с меньшей мерой (Г) в меньшую меру

ЧАСТЬ 4

В заданиях 95–102 выберите правильный вариант ответа и отметьте его в рабочей матрице.

95. Диссертация Юрия Александровича, … раннему русскому летописанию, была почти окончена.	(А) посвятившая (Б) посвящена (В) посвящённая (Г) посвящаема
96. Мне предстоит серьёзная работа над диссертацией, наполовину уже … .	(А) сделанной (Б) сделавшей (В) делающей (Г) делаемой
97. … , конечно, покорится, но будет лишь ждать момента, чтобы освободиться.	(А) Побеждаемый (Б) Победивший (В) Побеждённый (Г) Побеждающий
98. Москва стала для неё раем, давно уже … в Европе.	(А) недостигаемым (Б) недостижимым (В) недостигнутым (Г) недостигшим
99. Будет замечательно, если уважаемый филолог отправится в сельскую школу и поработает там учителем, … свет в массы.	(А) неся (Б) нося (В) нёсший (Г) принося

100. Но ведь, Владимир Алексеевич, — как бы …, сказал Переслегин, — звучало сорок четыре минуты.	(А) извинившись (Б) извинившийся (В) извинивший (Г) извиняясь
101. Потом она каталогизировала и классифицировала всё, … неразобранные материалы — таких оказалось девяносто процентов.	(А) включив (Б) включающее (В) включившее (Г) включая
102. Она всё равно в нашем архиве практически жила, … раз-два в неделю, — при архиве предусмотрительно была жилая комнатушка.	А) выбравшись (Б) выбираясь (В) выбиравшаяся (Г) выбирая

В заданиях 103–110 установите синонимические соответствия между выделенными конструкциями и вариантами ответа. Отметьте свой выбор в рабочей матрице.

103. Данилов **в сомнении** и так, чтобы другие не видели, посмотрел на браслет.	(А) сомневавшийся (Б) сомневался (В) сомневаясь (Г) сомнительно
104. Юрий Александрович Строев, **без пяти минут** кандидат, был послан в археологическую экспедицию в Псков.	(А) уже (Б) почти (В) давно (Г) молодой
105. Здесь же он был **словно замкнут в себе**, он сам себя не слышал.	А) будто замкнут в себе (Б) как бы замкнут в себе (В) абсолютно замкнут в себе (Г) практически замкнут в себе
106. Как по мне — так надо было Элен на все формальности наплевать.	(А) По-моему (Б) Ради меня (В) Для меня (Г) Из-за меня
107. Пассажир выглядывал из окошка, **рассматривая** смешение японских и западных одежд.	(А) и рассматривал (Б) и рассмотрел (В) после того как рассмотрел (Г) так как рассматривал
108. Открыв дверь архива, я вошёл в огромный тёмный зал, уставленный стеллажами от пола до высоченного потолка.	(А) Пока открывал (Б) Как только открыл (В) Открыл и (Г) Пока не открыл
109. На Элен были затёртые джинсы и тёплая вязаная кофта — отопление не могло согреть огромный подвал.	(А) если отопление (Б) поэтому отопление (В) вследствие чего отопление (Г) потому что отопление

| **110. Пусть** периодически **заходят** с вопросами и делами к тем нашим сотрудникам, что закопались в своих берлогах. | (А) Если хотят, могут заходить
(Б) Заходят ли
(В) Должны заходить
(Г) Почему бы не заходить |

ЧАСТЬ 5

В заданиях 111–118 выберите правильный вариант ответа и отметьте его в матрице.

111. Он был не … красив, но симпатичен.	(А) настолько (Б) столь (В) то чтобы (Г) так
112. Нет, у нас хорошие архивы. Там … .	(А) ничего не пропадает (Б) ничего ни пропадёт (В) нечему пропадать (Г) нечего пропадать
113. Печорин довольно холодно, … с приветливой улыбкой, протянул ему руку.	(А) а (Б) и (В) хотя (Г) да и
114. Люди уже сидели в зале, … многие толпились ещё возле буфета.	(А) чтобы (Б) в то время (В) несмотря на (Г) хотя
115. Как сделать, чтоб правили те, … к этому талант и призвание.	(А) у которого (Б) у кого (В) у которых (Г) у каких
116. Элен за год навела в архиве порядок — точнее, … мы готовы были признать порядком.	(А) то, которое (Б) то, как (В) то, что (Г) то, в чём
117. Жители Поднебесной не тронутся с места, … наведут у себя порядок,	(А) чтобы (Б) пока (В) пока не (Г) с тех пор как
118. Объединение мира — дело медленное, но … , собственно, спешить?	(А) отчего (Б) где (В) куда (Г) откуда
119. Разговор принимал … важное направление, … Фандорин перестал глазеть в окошко.	(А) настолько … что (Б) до тех пор … пока (В) постольку … что (Г) пока что … не

120. Он сослался … его в фойе ждёт дама, и ушёл.	(А) к тому, что (Б) на то, что (В) о том, что (Г) потому что
121. Гесер резонно объяснил, что за полвека стоимость аренды составит несколько квартир, … приставил меня к Элен — помочь ей в прохождении бюрократических препон.	(А) после чего (Б) для чего (В) в результате чего (Г) благодаря чему
122. В Петербурге провинциалу грустно и дико; … новости, …. толпа не развлекают его.	(А) и…, и… (Б) ни…, ни… (В) то…, то… (Г) не то…, не то…
123. Данилов пытался слушать приятных ему молодых людей, … Прокофьева он любил, но ничего не смог с собой поделать.	(А) но и (Б) да и (В) но (Г) а
124. А тут … и Прокофьев кончился.	(А) но (Б) да (В) уж (Г) раз
125. Если молодой человек воевал, … он — почти уже филолог.	(А) однако (Б) при том (В) поскольку (Г) значит

РАБОЧАЯ МАТРИЦА

1	А	Б	В	Г	26	А	Б	В	Г
2	А	Б	В	Г	27	А	Б	В	Г
3	А	Б	В	Г	28	А	Б	В	Г
4	А	Б	В	Г	29	А	Б	В	Г
5	А	Б	В	Г	30	А	Б	В	Г
6	А	Б	В	Г	31	А	Б	В	Г
7	А	Б	В	Г	32	А	Б	В	Г
8	А	Б	В	Г	33	А	Б	В	Г
9	А	Б	В	Г	34	А	Б	В	Г
10	А	Б	В	Г	35	А	Б	В	Г
11	А	Б	В	Г	36	А	Б	В	Г
12	А	Б	В	Г	37	А	Б	В	Г
13	А	Б	В	Г	38	А	Б	В	Г
14	А	Б	В	Г	39	А	Б	В	Г
15	А	Б	В	Г	40	А	Б	В	Г
16	А	Б	В	Г	41	А	Б	В	Г
17	А	Б	В	Г	42	А	Б	В	Г
18	А	Б	В	Г	43	А	Б	В	Г
19	А	Б	В	Г	44	А	Б	В	Г
20	А	Б	В	Г	45	А	Б	В	Г
21	А	Б	В	Г	46	А	Б	В	Г
22	А	Б	В	Г	47	А	Б	В	Г
23	А	Б	В	Г	48	А	Б	В	Г
24	А	Б	В	Г	49	А	Б	В	Г
25	А	Б	В	Г	50	А	Б	В	Г

М.Н. Макова, О.А. Ускова. В мире людей. Выпуск 3. Часть 1. Чтение. Говорение

51	А	Б	В	Г
52	А	Б	В	Г
53	А	Б	В	Г
54	А	Б	В	Г
55	' А	Б	В	Г
56	А	Б	В	Г
57	А	Б	В	Г
58	А	Б	В	Г
59	А	Б	В	Г
60	А	Б	В	Г
61	А	Б	В	Г
62	А	Б	В	Г
63	А	Б	В	Г
64	А	Б	В	Г
65	А	Б	В	Г
66	А	Б	В	Г
67	А	Б	В	Г
68	А	Б	В	Г
69	А	Б	В	Г
70	А	Б	В	Г
71	А	Б	В	Г
72	А	Б	В	Г
73	А	Б	В	Г
74	А	Б	В	Г
75	А	Б	В	Г

76	А	Б	В	Г
77	А	Б	В	Г
78	А	Б	В	Г
79	А	Б	В	Г
80	А	Б	В	Г
81	А	Б	В	Г
82	А	Б	В	Г
83	А	Б	В	Г
84	А	Б	В	Г
85	А	Б	В	Г
86	А	Б	В	Г
87	А	Б	В	Г
88	А	Б	В	Г
89	А	Б	В	Г
90	А	Б	В	Г
91	А	Б	В	Г
92	А	Б	В	Г
93	А	Б	В	Г
94	А	Б	В	Г
95	А	Б	В	Г
96	А	Б	В	Г
97	А	Б	В	Г
98	А	Б	В	Г
99	А	Б	В	Г
100	А	Б	В	Г

М.Н. Макова, О.А. Ускова. В мире людей. Выпуск 3. Часть 1. Чтение. Говорение

155

101	А	Б	В	Г
102	А	Б	В	Г
103	А	Б	В	Г
104	А	Б	В	Г
105	А	Б	В	Г
106	А	Б	В	Г
107	А	Б	В	Г
108	А	Б	В	Г
109	А	Б	В	Г
110	А	Б	В	Г
111	А	Б	В	Г
112	А	Б	В	Г
113	А	Б	В	Г
114	А	Б	В	Г
115	А	Б	В	Г
116	А	Б	В	Г
117	А	Б	В	Г
118	А	Б	В	Г
119	А	Б	В	Г
120	А	Б	В	Г
121	А	Б	В	Г
122	А	Б	В	Г
123	А	Б	В	Г
124	А	Б	В	Г
125	А	Б	В	Г

КОНТРОЛЬНАЯ МАТРИЦА

1	**А**	Б	В	Г
2	А	Б	**В**	Г
3	А	Б	В	**Г**
4	А	Б	**В**	Г
5	**А**	Б	В	Г
6	А	Б	**В**	Г
7	А	Б	В	**Г**
8	А	Б	В	**Г**
9	А	Б	**В**	Г
10	А	Б	В	**Г**
11	А	Б	**В**	Г
12	**А**	Б	В	Г
13	А	Б	В	**Г**
14	А	**Б**	В	Г
15	А	**Б**	В	Г
16	**А**	Б	В	Г
17	**А**	Б	В	Г
18	А	Б	**В**	Г
19	А	Б	**В**	Г
20	А	**Б**	В	Г
21	А	**Б**	В	Г
22	**А**	Б	В	Г
23	А	**Б**	В	Г
24	А	**Б**	В	Г
25	А	Б	В	**Г**

26	**А**	Б	В	Г
27	А	Б	В	**Г**
28	А	**Б**	В	Г
29	А	**Б**	В	Г
30	А	Б	В	**Г**
31	А	**Б**	В	Г
32	**А**	Б	В	Г
33	А	Б	В	**Г**
34	**А**	Б	В	Г
35	А	**Б**	В	Г
36	А	**Б**	В	Г
37	А	Б	**В**	Г
38	А	Б	**В**	Г
39	А	Б	**В**	Г
40	А	Б	В	**Г**
41	**А**	Б	В	Г
42	А	Б	В	**Г**
43	А	Б	**В**	Г
44	А	**Б**	В	Г
45	А	**Б**	В	Г
46	А	**Б**	В	Г
47	**А**	Б	В	Г
48	А	Б	В	**Г**
49	А	Б	В	**Г**
50	А	**Б**	В	Г

№	А	Б	В	Г
51	А	Б	**В**	Г
52	А	**Б**	В	Г
53	**А**	Б	В	Г
54	**А**	Б	В	Г
55	А	**Б**	В	Г
56	**А**	Б	В	Г
57	А	**Б**	В	Г
58	**А**	Б	В	Г
59	А	**Б**	В	Г
60	**А**	Б	В	Г
61	А	**Б**	В	Г
62	А	**Б**	В	Г
63	А	Б	**В**	Г
64	А	Б	В	**Г**
65	А	Б	**В**	Г
66	**А**	Б	В	Г
67	А	**Б**	В	Г
68	А	Б	В	**Г**
69	А	Б	В	**Г**
70	А	**Б**	В	Г
71	А	**Б**	В	Г
72	**А**	Б	В	Г
73	А	**Б**	В	Г
74	**А**	Б	В	Г
75	А	Б	В	**Г**

№	А	Б	В	Г
76	А	Б	В	**Г**
77	**А**	Б	В	Г
78	А	**Б**	В	Г
79	А	Б	**В**	Г
80	А	Б	В	**Г**
81	А	Б	**В**	Г
82	**А**	Б	В	Г
83	А	**Б**	В	Г
84	А	**Б**	В	Г
85	А	Б	**В**	Г
86	А	Б	**В**	Г
87	А	Б	В	**Г**
88	А	Б	**В**	Г
89	А	Б	**В**	Г
90	**А**	Б	В	Г
91	А	**Б**	В	Г
92	**А**	Б	В	Г
93	А	**Б**	В	Г
94	**А**	Б	В	Г
95	А	Б	**В**	Г
96	**А**	Б	В	Г
97	А	Б	**В**	Г
98	А	**Б**	В	Г
99	**А**	Б	В	Г
100	А	Б	В	**Г**

101	А	Б	В	**Г**
102	А	**Б**	В	Г
103	А	Б	**В**	Г
104	А	**Б**	В	Г
105	А	**Б**	В	Г
106	**А**	Б	В	Г
107	**А**	Б	В	Г
108	А	**Б**	В	Г
109	А	Б	В	**Г**
110	А	Б	**В**	Г
111	А	Б	**В**	Г
112	**А**	Б	В	Г
113	А	Б	**В**	Г
114	А	Б	В	**Г**
115	А	**Б**	В	Г
116	А	Б	**В**	Г
117	А	Б	**В**	Г
118	А	Б	**В**	Г
119	**А**	Б	В	Г
120	А	**Б**	В	Г
121	**А**	Б	В	Г
122	А	**Б**	В	Г
123	А	**Б**	В	Г
124	А	Б	**В**	Г
125	А	Б	В	**Г**

Методический комментарий

Выпуск 3 «Чтение. Говорение», часть 1 «ТРКИ-2» является составной частью учебного комплекса «В мире людей» и преследует две основные цели:

• во-первых, подготовить учащихся к тестированию по чтению и говорению на заявленный уровень (общее владение);

• во-вторых, развить у учащихся умения и навыки чтения и говорения.

Таким образом, данный выпуск, как и комплекс в целом, может быть использован и как тренажёр для подготовки к тестированию, и как учебное пособие.

Материалы выпуска предназначены преимущественно для самостоятельной работы учащихся, также дают возможность сочетать самостоятельную работу с аудиторной.

Пособие построено на аутентичных текстах разных жанров и состоит из трёх частей, соотнесённых с видами чтения: ознакомительным, поисково-просмотровым, изучающим. Поскольку обучение поисковому чтению заканчивается при достижении уровня ТРКИ-1, то на следующем, более высоком уровне владения РКИ нет необходимости выделять четыре вида чтения. Поэтому авторы посчитали целесообразным объединить поисковое и просмотровое чтение как комбинированный вид чтения, при котором ставится задача найти нужную информацию.

Часть 1 посвящена обучению стратегии **ознакомительного чтения**.

Количество текстов: 10 (по 2 текста на каждую тему).

Цифрой 1 в трёхзначном индексе текста обозначены тексты, уровень сложности которых составляет 66 % уровня В2. Эти тексты рекомендуются для учащихся, у которых уровень владения языком можно квалифицировать как переходный от В1 к В2;

Цифрой 2 обозначены тексты, уровень сложности которых составляет 80% уровня В2. Эти тексты рекомендуются для учащихся, владеющих русским языком на уровне, приближённом к В2.

Требования к тексту:

• объём: около 400 слов;

• тип: нарративный;

• тематика: социально-значимая проблема;

• стилистика: публицистический стиль (язык СМИ).

Время выполнения задания: 15 мин.

Часть 1 также включает контрольные материалы — лексико-грамматический тест (100 позиций).

В **части 2** представлены тексты для **поисково-просмотрового чтения**.

Количество текстов: 10 (по 2 текста на каждую тему).

Цифрой 1 в трёхзначном индексе текста обозначен аргументативный текст (содержит выражение нескольких точек зрения на проблему).

Требования к аргументативному тексту:

• объём: от 300 слов;

• тематика: социально-значимая проблема;

• стилистика: публицистический стиль (язык СМИ).

Время выполнения задания: 15 мин.

Цифрой 2 обозначены официально-деловые тексты.

Жанры официально-деловых текстов: заявление, докладная записка, служебная записка, рекомендательное письмо, письмо-поздравление, претензия, заявление, объяснительная записка, информационное письмо, письмо-благодарность, отчёт, положение.

Требования к официально-деловому тексту:

• объём: от 300 слов (несколько текстов одного жанра);

• стилистика: официально-деловой стиль.

Время выполнения задания: 10 мин.

В эту часть выпуска также включены контрольные материалы — лексико-грамматический тест (100 позиций).

В **части 3** содержатся тексты для **изучающего чтения**.

Количество текстов: 10 (по 2 текста на каждую тему).

Цифрой 1 в трёхзначном индексе текста обозначены тексты, уровень сложности которых составляет 66 % уровня В2. Эти тексты рекомендуются для учащихся, у которых уровень владения языком можно квалифицировать как переходный от В1 к В2. Предложены фрагменты произведений современной русской литературы.

Цифрой 2 обозначены тексты, уровень сложности которых составляет 80 % уровня В2. Они рекомендуются для учащихся, владеющих русским языком на уровне, приближённом к В2. Предложены фрагменты произведений классической русской литературы.

Требования к тексту:

- объём: около 600 слов;
- тематика: социально-значимая проблема;
- стилистика: язык художественной литературы.

Время выполнения задания: 30 мин.

В часть 3 включены контрольные материалы — лексико-грамматический тест (125 позиций).

Выпуск 3 построен по модульному принципу, что позволяет использовать разделы выборочно, в зависимости от учебной ситуации, но не отступая от методических принципов заложенных в основу пособия.

Работая над выбранным разделом, рекомендуется организовать учебный процесс в соответствии с тем порядком заданий, который предложен в пособии.

Разделы пособия структурированы одинаково, и каждый из них содержит:

1) текст для чтения,

2) тест на проверку понимания;

3) обучающие материалы для активизации языковых и речевых навыков чтения и говорения на визуальной основе: задания, направленные на формирование коммуникативной компетенции:

- языковой (синонимы, антонимы, интернационализмы, историзмы, архаизмы, фразеологизмы, словообразование, лексическая сочетаемость, синтаксическая синонимия – трансформация высказываний);
- дискурсивной (продукция диалогической речи);

4) лексико-грамматический тест;

5) ключи к заданиям на активизацию языковых и речевых навыков и на проверку понимания текста (в тестовой форме).

Разделы выпуска 3 не содержат предтекстовых заданий, предназначенных для аудиторной работы. **Притекстовые задания**, предложенные в пособии, имеют коммуникативную направленность, поэтому их формулировка содержит социально-значимую проблему. Например,

Текст 1.1.2 (нарративный текст)

Задание **Россия удивляет не только своей огромной территорией, но и тем, что общественная жизнь каждого региона уникальна, имеет особенности. В Интернете вы нашли информацию о знаменитых Красноярских Столбах. Прочитайте статью и закончите предложения, данные после неё, выберите правильный вариант.**

Текст 2.1.1 (аргументативный текст)

Задание **Как показывают соцопросы, идея переноса главного города России в Сибирь набирает популярность. Прочитайте статью с сайта. Закончите предложения, данные после текста, выберите правильный вариант.**

Текст 3.1.2 (художественный текст)

Задание **Проблемы общественного устройства, роль столицы и регионов, мегаполисов и маленьких городов в жизни страны неизбежно отражаются на взаимоотношениях людей. Прочитайте отрывок из романа Ивана Гончарова. Закончите предложения, данные после текста, выберите правильный вариант.**

Послетекстовые задания включают:

1) тест на проверку понимания текста;

2) обучающие материалы для активизации языковых и речевых навыков чтения и говорения на визуальной основе, нацеленные на формирование следующих умений и навыков:

— лексических (представлены задания на составление синонимического ряда, поиск антонимических пар, знакомство с устаревшими и заимствованными словами, установление лексической сочетаемости, изучение фразеологизмов);

— словообразовательных (поиск однокоренных слов, структура сложных слов);

— трансформационных (синтаксическая синонимия).

Материалом лексико-грамматических тестов служат высказывания из предложенных текстов. Задания данного раздела обязательны для выполнения независимо от целей и условий обучения, так как соответствует требованиям субтеста «Лексика. Грамматика» ТРКИ-2 (общее владение).

Следует подчеркнуть, что тексты, тесты на проверку понимания, задания раздела «Активизация языковых и речевых навыков» не являются обязательными для выполнения и могут использоваться по мере необходимости с учётом индивидуальных потребностей учащихся.

Сформулированная в послетекстовом задании проблема является темой для беседы, что служит материалом для развития навыков говорения. Например:

Задание 8. **В современном глобализованном мире исчезает не только индивидуальность человека, но и уникальность государств и регионов. Красноярские Столбы стали визитной карточкой Красноярского края. Примите участие в беседе на тему «Сохранение национальной самобытности региона: за и против».**

Ваша задача:

— высказать своё мнение, уточнить и обосновать его;

— согласиться или опровергнуть мнение собеседника, привести свои аргументы;

— привести примеры (например, расскажите об уникальных памятниках архитектуры, природных заповедниках, значимых культурных и исторических событиях вашей страны);

— привести сравнение (например, прокомментируйте русскую пословицу «Каждый кулик своё болото хвалит», приведите аналогичные пословицы вашего народа; сравните национальные характеры / стереотипы / самобытность);

— выразить оценочное осуждение.

Последнее задание после каждого текста даётся с пометой (*ТРКИ-2/ Говорение, задание 15) и соответствует заданию 15 субтеста «Говорение» (Типовые тесты по русскому языку как иностранному. Второй сертификационный уровень. Общее владение / Г.Н. Аверьянова и др. М.; СПб.: Златоуст, 1999. С. 31. URL: http://www.zlat.spb.ru/catalog5_12_212.html).

Поскольку данное учебное пособие является составной частью учебного комплекса и материал тематически расширяет содержание каждого модуля, формирующего социокультурную компетенцию, целесообразно использовать этот материал для развития умений и навыков письма. Поэтому в качестве **дополнительных заданий** мы рекомендуем следующие:

Текст 1.1.1. Написать письмо другу с рекомендацией поехать в Муром.

Текст 1.1.2. Написать благодарность / жалобу в турагентство после поездки в Красноярские Столбы.

Как общее задание — написать рекламу своего города, описать какой-либо регион своей страны.

Тексты 1.2.1–1.2.2. Написать эссе «Плюсы и минусы компьютерных игр», «Нужны ли сейчас изделия народных промыслов?»

Текст 1.3.1. Написать эссе «Проблемы безработных: роль государства, моё участие…»

В качестве плана эссе предлагается использовать программу для ведения беседы (обозначено в пособии *ТРКИ-2/ Говорение, задание 15).

Экзамен ТРКИ-2/В2 включает следующие составляющие:

- Субтест «Чтение».
- Субтест «Письмо».
- Субтест «Аудирование».
- Субтест «Говорение».
- Субтест «Лексика. Грамматика».
- Аудиоматериалы.
- Контрольные матрицы.

ВЫ МОЖЕТЕ ПРИОБРЕСТИ ЭЛЕКТРОННЫЕ ВЕРСИИ НАШИХ КНИГ В ИНТЕРНЕТ-МАГАЗИНАХ И В ЭЛЕКТРОННЫХ БИБЛИОТЕКАХ:

«ЛитРес»: http://www.litres.ru/zlatoust
«Айбукс»: http://ibooks.ru
«Инфра-М»: http://znanium.com
«Интеракт»: LearnRussian.com, amazon.com, book.megacom.kz, book.beeline.am, book.beeline.kz
РА «Директ-Медиа»: http://www.directmedia.ru
Amazon: www.amazon.com
ООО «ЛАНЬ-Трейд»: http://e.lanbook.com, http://globalf5.com
ОАО ЦКБ «БИБКОМ»: www.ckbib.ru/publishers

Форматы:
Для ридеров: fb2, ePub, ios.ePub, pdf A6, mobi (Kindle), lrf
Для компьютера: txt.zip, rtf, pdf A4, html.zip,
Для телефона: txt, java

КНИЖНЫЕ ИНТЕРНЕТ-МАГАЗИНЫ:

OZON.RU: http://www.ozon.ru

Интернет-магазин Books.ru: http://www.books.ru; e-mail: help@books.ru
Тел.: Москва +7(495) 638-53-05, Санкт-Петербург +7 (812) 380-50-06

BookStreet: http://www.bookstreet.ru
Тел.: +7 (812) 326-01-27, 326-01-28,
Санкт-Петербург. В.О. Средний проспект, д. 4,
здание института «Гипроцемент».
Часы работы: понедельник — пятница: с 9:00 до 18:30.